FAB & LAI

COMMENT SE DÉBARRASSER DES CONS AU BOULOT ?

JUNGLE

Scénario : Fab
Dessin : Fabio Lai

ISBN : 978-2-874-42554-7

Première édition - Septembre 2008

Imprimé en France par PPO Graphic, Palaiseau. Dépôt légal : Septembre 2008; D.2008/0053/481

LE LABEL "SALE CON"

IL Y A DEUX SORTES DE SALES CONS : 1 - LE SALE CON OCCASIONNEL.
PASSE UNE BONNE MATINÉE MA CHÉRIE, À TOUT À L'HEURE !
ABRUTI VA, TU VOIS PAS QUE C'EST VERT ?!?
TÛÛÛT
TÛÛT
2 - LE SALE CON CHRONIQUE.
ET POUR BOUFFER À MIDI J'ESPÈRE QU'Y AURA PAS ENCORE CETTE MERDE AUX LÉGUMES LÀ !
COMMENT IL S'EST GARÉ AUSSI PRÈS DE MOI CET
TIENS JE VAIS LUI RAYER SA PORTIÈRE, ÇA LUI APPRENDRA !
CRRRRRRR
MAIS QU'EST-CE QU'IL ATTEND POUR AVANCER CETTE ESPÈCE DE
TÛÛT
TÛÛÛT
VOUS VOYEZ LA DIFFÉRENCE ?
UN "OCCASIONNEL" PEUT-IL DEVENIR UN "CHRONIQUE" ?
MOUAIS ... C'EST FAISABLE MAIS IL FAUDRA BOSSER ...
AH...?
RÈGLE FONDAMENTALE : RÉINVESTIR VOS MOMENTS DE SALE CONNERIE DANS TOUTES LES ÉTAPES DE LA JOURNÉE.
SALE CONNERIE
TOUTE LA JOURNÉE
ABRUTIE VA, TU VOIS PAS QUE C'EST TROP CUIT ?!?
PAS MAL, C'EST UN BON DÉBUT.
3

COMMENT SE REPRODUISENT LES SALES CONS ?

LE PÉRIODE DE REPRODUCTION DU SALE CON S'ÉTEND DU 1ER JANVIER AU 31 DÉCEMBRE.
MAIS ALORS QUAND EST-CE QU'ON PEUT LES CHASSER ?
JAMAIS. D'OÙ LEUR NOMBRE CROISSANT.
EN MILIEU NATUREL, LA SALE CONNERIE SE TRANSMET DE PÈRE EN FILS.
UN ZÉRO PARCE QUE TU N'AVAIS PAS TES AFFAIRES ??
T'AURAIS PAS PU PIQUER CELLES DE TON VOISIN ?! COMME ÇA C'EST LUI QUI AURAIT EU ZÉRO !
FAUT VRAIMENT TOUT T'EXPLIQUER !
DANS LE TRAVAIL, C'EST LE DRH QUI EST CHARGÉ DE RECRUTER DE NOUVEAUX SALES CONS.
VOUS VOYEZ UNE COLLÈGUE PLEURER À CÔTÉ DE VOUS, QUE FAITES-VOUS ?
JE LA DÉNONCE POUR INSTABILITÉ PSYCHIQUE, ELLE SE FAIT VIRER ET JE PIQUE SA PLACE.
VOUS M'AVEZ L'AIR D'UN VRAI SALE CON, VOUS ... BIENVENUE DANS LA MAISON.
LES SALES CONS SONT-ILS UNE ESPÈCE EN VOIE DE DISPARITION ?
MUSÉE D'HISTOIRE NATURELLE
SALE CON DISPARU DU XX SIECLE
HÉLAS NON ...
AU CONTRAIRE, TOUT COMME LE POU, DÈS SON APPARITION LE SALE CON PROLIFÈRE À UNE VITESSE IMPRESSIONNANTE.
BONJOUR, JE VOUDRAIS UN SHAMPOOING CONTRE LES SALES CONS ?...
UN GRAND FLACON, SVP ...
4

UN SALE CON PEUT-IL DEVENIR UN GENTIL CON ?

MALHEUREUSEMENT NON. PAR NATURE, LE SALE CON RESTE UN SALE CON.
ATTENTION CHIEN MÉCHANT
ATTENTION SALE CON
IL N'Y A QUE DANS LES CONTES QU'UNE TELLE TRANSFORMATION EST POSSIBLE.
...ET TU SERAS MON PRINCE CHARMANT ...
POUAH, QU'EST-CE QUE TU PUES DE LA GUEULE !
POP!
ET ENCORE ...
TOUTEFOIS, ÇA PEUT ARRIVER ... SUITE À UN CHOC ÉMOTIONNEL, PAR EXEMPLE ...
ET QU'ELLE SOIT PRÊTE CE SOIR SINON ÇA VA CHAUFFER !!!
PARDON ?!?
950 € POUR UNE VIDANGE ... PAS CHER ...
OU ALORS PAR CALCUL, CAR LE SALE CON EST GÉNÉRALEMENT TRÈS MANIPULATEUR.
TU PEUX M'AIDER SUR LE DOSSIER CHAPRON ? J'Y COMPRENDS RIEN DU TOUT ...
LE BOSS VA ME TUER SI C'EST PAS FAIT À TEMPS ...
OK, LAISSE-LE MOI.
LE PAUVRE, IL EST AUSSI GENTIL QU'IL EST CON ...
LE PAUVRE, IL EST AUSSI CON QU'IL EST GENTIL ...
5

UN SALE CON RICHE EST-IL MOINS CON QU'UN SALE CON PAUVRE ?

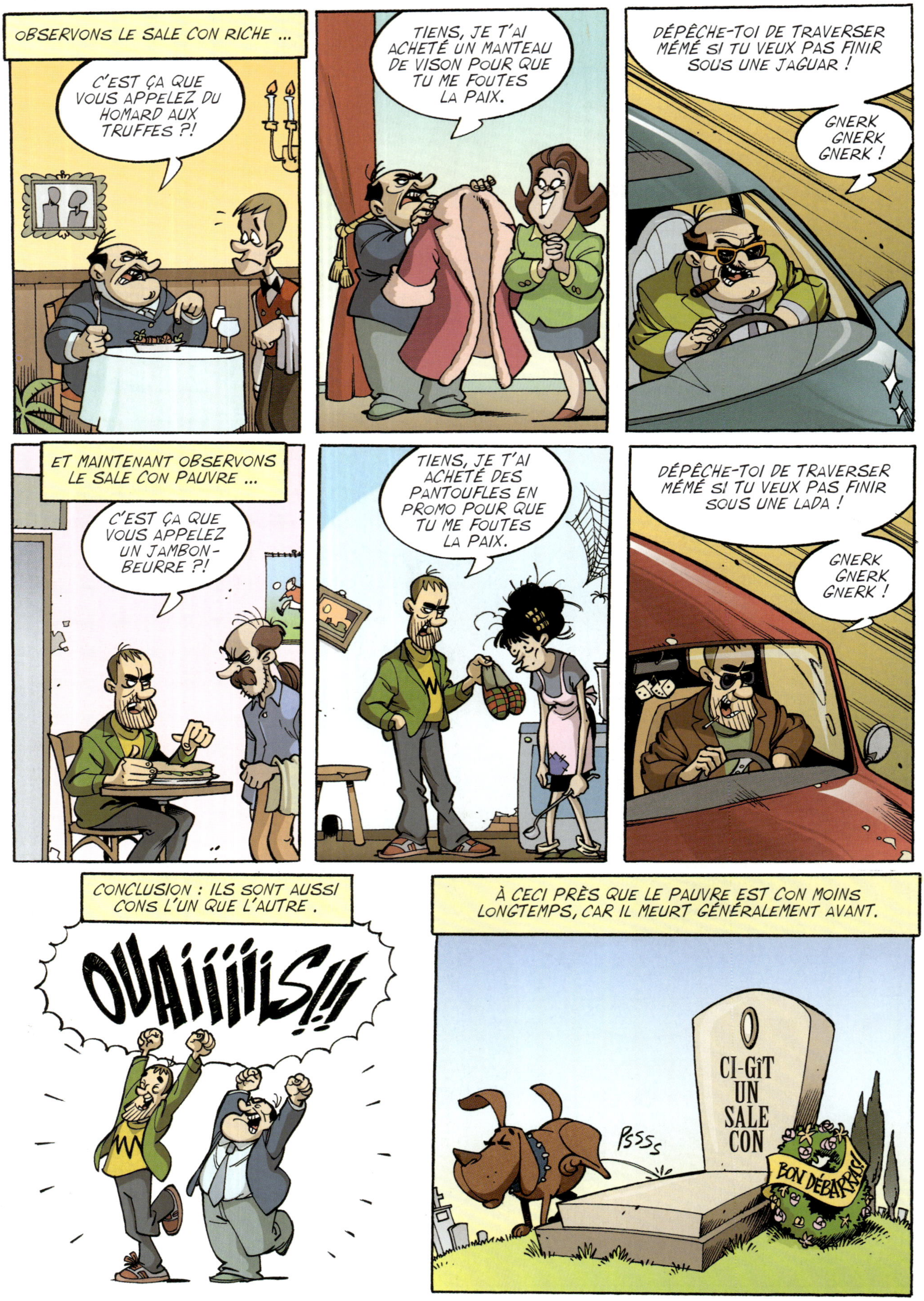
OBSERVONS LE SALE CON RICHE ...
C'EST ÇA QUE VOUS APPELEZ DU HOMARD AUX TRUFFES ?!
TIENS, JE T'AI ACHETÉ UN MANTEAU DE VISON POUR QUE TU ME FOUTES LA PAIX.
DÉPÊCHE-TOI DE TRAVERSER MÉMÉ SI TU VEUX PAS FINIR SOUS UNE JAGUAR !
GNERK GNERK GNERK !
ET MAINTENANT OBSERVONS LE SALE CON PAUVRE ...
C'EST ÇA QUE VOUS APPELEZ UN JAMBON-BEURRE ?!
TIENS, JE T'AI ACHETÉ DES PANTOUFLES EN PROMO POUR QUE TU ME FOUTES LA PAIX.
DÉPÊCHE-TOI DE TRAVERSER MÉMÉ SI TU VEUX PAS FINIR SOUS UNE LADA !
GNERK GNERK GNERK !
CONCLUSION : ILS SONT AUSSI CONS L'UN QUE L'AUTRE .
OUAIIIIIS !!!
À CECI PRÈS QUE LE PAUVRE EST CON MOINS LONGTEMPS, CAR IL MEURT GÉNÉRALEMENT AVANT.
CI-GÎT UN SALE CON
PSSSS
BON DÉBARRAS !

LES DIFFÉRENTES SORTES DE SALES CONS AU TRAVAIL

L'IDÉAL EST DE POUVOIR LES RECONNAÎTRE MORPHOLOGIQUEMENT AVANT MÊME QU'ILS NE SÉVISSENT.
OUH LÀ L'ESPACEMENT ENTRE TON NEZ ET TA BOUCHE ...
TU M'AS L'AIR D'UN VRAI SALE CON TOI ...
EXAMINONS LES PRINCIPAUX MODÈLES ...
LE FAYOT (CAFTEURUS CONNARDUS)
L'ŒIL AUX AGUETS DU MOINDRE FAUX PAS
TOUJOURS UNE TONNE DE DOSSIERS SOUS LE BRAS.
LA DÉMARCHE CHALOUPÉE
INDICE SUPPLÉMENTAIRE: C'EST CELUI QUE VOUS NE VOYEZ JAMAIS À LA MACHINE À CAFÉ
LE GUEULARD (PITTBULLUS CONNARDUS)
VEINE TOUJOURS PRÊTE À ÉCLATER
FRONT MOITE
POINGS SERRÉS EN PERMANENCE
AURÉOLES SOUS LES BRAS
INDICE SUPPLÉMENTAIRE: IL NE PARLE PAS, IL ABOIE
LE FAUX CUL (LECHEBOTTUS CONNARDUS)
ŒIL FOURBE
ÉCHINE COURBÉE
FESSES SERRÉES
SOURIRE FIGÉ AVEC TOUT LE MONDE
INDICE SUPPLÉMENTAIRE: C'EST CELUI QUI EST TOUJOURS D'ACCORD AVEC VOUS.
L'ARRIVISTE PRÊT À TOUT (VAMPIRUS CONNARDUS)
BRONZAGE VAL D'ISÈRE
REGARD DE KILLER
ARRACH!
CORPS BODY FITNESS
MÂCHOIRE CARRÉE POUR VOUS BOUFFER TOUT CRU
INDICE SUPPLÉMENTAIRE: IL A DES DENTS QUI RAYENT LE PLANCHER
ET LE PIRE DE TOUS : L'HYBRIDE DE TOUT ÇA (TOTALUS CONNARDUS)
QUELQU'UN A QUELQUE CHOSE À REDIRE ?
SI VOUS LE CROISEZ, CHANGEZ DE BOÎTE !
9

COMMENT LES CONS SÉVISSENT-ILS ?

LES SALES CONS ONT À LEUR DISPOSITION UNE INFINITÉ DE MOYENS D'EXPRIMER LEUR CONNERIE.
ALORS, VOYONS, COMMENT JE VAIS ÊTRE CON AUJOURD'HUI ?
EN VOICI QUELQUES-UNS:
CRITIQUES PHYSIQUES
ATTENDS JEAN-CLAUDE ! JE VAIS T'APPORTER UN ESCABEAU POUR GRIMPER LE TROTTOIR !
AGRESSIVITÉ
VOUS VOULIEZ ME VOIR POUR PRENDRE VOS CONGÉS EN JUILLET C'EST ÇA ?!!?
EUH OUI MAIS OCTOBRE FINALEMENT C'EST BIEN AUSSI ...
PROPOS HYPOCRITES
EH, IL PARAÎT QUE BERTHIER DE LA COMPTA VA SE FAIRE VIRER, AH, AH, QUEL GLAND ...
C'EST MOI BERTHIER ...
DISCRIMINATION
DÉSOLÉ, VOUS NE POUVEZ PAS TRAITER CE DOSSIER ...
ALLEZ VOIR AU SECRÉTARIAT, S'ILS ONT DES PHOTOCOPIES À FAIRE ...
NON-RESPECT DES AUTRES
VOUS POUVEZ PAS METTRE VOTRE CAFÉ AILLEURS NON ?
VOUS AVEZ FAILLI TACHER MA CHEMISE ...
TAP!

10

COMMENT LES CONS SÉVISSENT-ILS ? (SUITE)

VANNES FOIREUSES
ET ALORS LÀ, LE SALE JUIF DIT AU SALE PÉDÉ: C'EST NORMAL, C'EST UN SALE NOIR !
AH, AH, EXCELLENT NON ?
HARCÈLEMENT
RHÔÔÔ, VOUS N'AVEZ PAS ENCORE BOUCLÉ CE DOSSIER POUR DEMAIN ?...
VOUS VIENDREZ LE FINIR CHEZ MOI CE SOIR ...
NE DITES RIEN, VOUS N'AVEZ PAS LE CHOIX ...
INSULTES
VOUS AVEZ OUBLIÉ "CORDIALEMENT" AVANT LA SIGNATURE ! VOUS SAVEZ CE QUE C'EST LA POLITESSE ?!! ESPÈCE D'ABRUTI D'ÂNE BÂTÉ QUE VOUS ÊTES !
COUPS BAS
OH, PARDON !
AAAAAH!!! J'AVAIS PAS SAUVEGARDÉ DEPUIS 1 HEURE !!!
PLONK!
STAK!
OU MÊME SIMPLE IGNORANCE DE L'AUTRE
BONJOUR MONSIEUR LE DIRECTEUR ...
VOILÀ QUE J'ENTENDS DES VOIX, MOI ... FAUT QUE J'AILLE FAIRE UN CHECK-UP ...
AUTANT DIRE QU'AVEC UN PANEL PAREIL, AU BOULOT LES SALES CONS SONT INÉPUISABLES.
ET PAS QU'AU BOULOT, AU LIT C'EST IDEM !
AVEC MOI, LES FEMMES ELLES GRIMPENT AU RIDEAU !
AH OUI PARDON, ON AVAIT OUBLIÉ: LA PRÉTENTION GROSSIÈRE.
11

LES GRANDES PHRASES DES SALES CONS

LE SALE CON POSSÈDE UN VOCABULAIRE QUI LUI EST PROPRE ET DONT IL SE SERT EN BOUCLE.
DICTIONNAIRE Français - Sale con Sale con - Français
LATROUSSE
QUELQUES EXEMPLES:
LA PHRASE "JE T'ENFONCE"
VOUS SAVEZ QUOI ? VOUS ÊTES UN INCOMPÉTENT !
LA PHRASE "JE TE MENACE"
JE VOUS PRÉVIENS QUE VOUS ÊTES À ÇA DE LA PORTE !!!
LA PHRASE "JE TE FAIS RECOMMENCER SELON MON HUMEUR"
NON MAIS ATTENDEZ ÇA VA PAS DU TOUT ÇA !
LA PHRASE "JE T'INSULTE CARRÉMENT"
MAIS C'EST PAS POSSIBLE D'ÊTRE AUSSI DÉBILE* !!!
*FONCTIONNE AUSSI AVEC: IDIOT, BÊTE, CON, ABRUTI, MONGOLIEN, MANCHOT, STUPIDE, MOLLASSON ...
GÉNÉRALEMENT LE SALE CON A DU MAL À COUPER EN DEHORS DU BOULOT ...
MAIS C'EST PAS POSSIBLE D'ÊTRE AUSSI MALADROIT !
JE TE PRÉVIENS QUE TU ES À ÇA DE LA PORTE !!!
12

LES PRÉJUDICES PROFESSIONNELS CAUSÉS PAR LES SALES CONS

AUGMENTATION DE L'ABSENTÉISME
ALLEZ, C'EST L'HEURE, TU VAS ÊTRE EN RETARD AU BUREAU ...
NON, JE VEUX PAS Y ALLER, 'YA LE SALE CON QUI FAIT RIEN QU'À M'EMBÊTEEEEER !
7:00
IMPACT SUR L'HUMEUR
ET CELLE DE LA BLONDE QUI FAIT DU STOP, VOUS LA CONNAISSEZ ?
AH, OUAIS, EXCELLENTE ...
OUAIS, SUPER DRÔLE.
TRAUMATISMES PSYCHOLOGIQUES
JULIEN, ARRÊTE DE T'AFFALER SUR LE DOSSIER !
OUI PATRON, LE DOSSIER, D'ACCORD PATRON, JE M'OCCUPE DU DOSSIER ...
ROTATION DU PERSONNEL
SALUT LA COMPAGNIE ! MOI C'EST MICHEL !
ÇA FAIT MAL AU CŒUR, L'ENTHOUSIASME DES NOUVEAUX ...
OUAIS, LES PAUVRES ...
MANQUE DE MOTIVATION
ET POUR CE NOUVEAU CONTRAT QUI NOUS PROMET DES MOIS DE TRAVAIL ACHARNÉ, HIP HIP HIP !
HOURRA !
ET, AU FINAL, DIMINUTION DU CHIFFRE D'AFFAIRES.
MEUH NON, PAS DU TOUT, REGARDEZ CETTE COURBE !
EUH, PATRON, ÇA C'EST LE TAUX DE SUICIDE DANS L'ENTREPRISE DEPUIS LE DÉBUT DE L'ANNÉE ...

LES RAVAGES PHYSIQUES PROVOQUÉS PAR LES CONS

LES VICTIMES DES CONS ONT RAREMENT DES BLESSURES PHYSIQUES VISIBLES. ENCORE QUE ...
DES MITES ?! TU CROIS ?!
CRRR!
OU BIEN ...
QUEL DOMMAGE CETTE CHUTE MALENCONTREUSE, JE VAIS ÊTRE OBLIGÉ DE PRENDRE VOTRE BUREAU ...
FALLAIT PRÉVENIR QUE VOUS ÉTIEZ DEVANT MOI EN HAUT DE L'ESCALIER AUSSI ...
LA PLUPART ONT DES BLESSURES PLUS PERFIDES: INGURGITATION DE TRANQUILLISANTS
... J'AI PLUS DE PLACE POUR MES DOSSIERS DANS MON ATTACHÉ CASE ...
ARRÊTS MALADIE À RÉPÉTITION
MMH ... OUI, ENCORE VICTIME D'UNE BONNE GROSSE SALE CONNITE AIGUË ...
'Y EN A DE PLUS EN PLUS ...
DÉPRESSION CHRONIQUE
MERDE, MON STYLO MARCHE PLUS ...
BOUUUUHH!
PAUVRE STYLOOOOO
VOIRE PIRE ...
ON PEUT VRAIMENT RIEN LUI DIRE ... QUELLE SENSIBLERIE ...
JE T'EN FOUTRAIS DES CRISES CARDIAQUES MOI ...

14

QUELLES SONT LES VICTIMES DES SALES CONS ?

IL Y A CLAIREMENT UN PROFIL TYPE DE VICTIME DU SALE CON :
TENEZ CHEF, DÉSOLÉ, UN PEU D'ENCRE EST TOMBÉE SUR LA FEUILLE.
LES PETITS, LES FAIBLES, LES MOINS PUISSANTS
ÇA C'EST ENCORE VOTRE STYLO QUI A COULÉ !!!
A FORTIORI S'ILS SONT NOUVEAUX DANS L'ENTREPRISE
BIENVENUE ! JE SENS QU'ON VA BIEN S'ENTENDRE, VOUS AVEZ UNE VRAIE TÊTE DE VICT... DE GAGNANT !
LA SALE CONNERIE S'EXERCE PRINCIPALEMENT DU SUPÉRIEUR VERS LE SUBORDONNÉ ...
QUOI ?! LE DOSSIER CHAPON N'EST PAS ENCORE BOUCLÉ ?!!
JE... JE M'EN OCCUPE...
ALORS, ÇA EN EST OÙ LE DOSSIER CHAPON ?!!
JE ... JE M'EN OCCUPE ...
ALORS, ÇA VIENT CE DOSSIER CHAPON ?!!
BZZZZZZZZZZZ...
ELLE S'EXERCE TRÈS RAREMENT DANS LE SENS INVERSE
J'AI JAMAIS EU DE PDG AVEC UNE TRONCHE AUSSI GRATINÉE QUE LA VÔTRE !
EN TOUT CAS, JAMAIS SANS CONSÉQUENCES NOTOIRES ...
anpe
MOTIF DU LICENCIEMENT ?
EUH... SALE CONNERIE MAL UTILISÉE...

COMMENT EMPÊCHER UN SALE CON DE SÉVIR ?

ÊTRE PLUS SALE CON QUE LUI ...
AH OUI ?? ET VOUS SAVEZ CE QUE JE VOUS DIS MOI ?!
(MAIS POUR ÇA IL FAUT UN MINIMUM D'ENTRAÎNEMENT)
JE ... JE VOUS DIS ... EUH ...
BONNE ANNÉE MONSIEUR LE DIRECTEUR ...
L'ÉVITER (UNE SOLUTION DIFFICILE À TENIR SUR LE LONG TERME)
'YA PERSONNE DANS CE BUREAU ?!!
DEVENIR SON AMI. MAIS ÇA NE L'EMPÊCHERA PAS DE SÉVIR SUR LES AUTRES (SANS COMPTER QUE VOUS RISQUEZ DE DEVENIR VOUS-MÊME UN SALE CON)
REGARDE-MOI CETTE LARVE DE BERTRAND !...
OUAIS, AH, AH, QUEL MOLLASSON !
LUI PASSER DES COUPS DE FIL ANONYMES POUR L'INTIMIDER ...
SI TU CONTINUES À HARCELER CE PAUVRE BERTHIER, JE KIDNAPPE TA FEMME ET TA FILLE ET JE LES DÉCOUPE EN RONDELLES ! AH, AH, AH !
À CONDITION DE FAIRE PREUVE D'UN PEU DE FINESSE ...
EN RONDELLES ? C'EST INTÉRESSANT, ÇA. BERTHIER ...
LE DÉNONCER À LA HIÉRARCHIE (SOUVENT INUTILE CAR C'EST LA HIÉRARCHIE QUI L'A CHOISI)
IL NOUS MET LA PRESSION, IL NOUS RABAISSE, IL NOUS HARCÈLE, IL NOUS MENACE ...
EXCELLENT ! IL FAUDRA QUE JE PENSE À L'AUGMENTER !
RESTE LA SOLUTION COSA NOSTRA ...
PAS TRÈS LÉGALE MAIS RADICALE ...
16

COMMENT ÉVITER QU'UN SALE CON SOIT EMBAUCHÉ ?

LE DÉGOÛTER DE L'EMPLOI EN NOIRCISSANT LE TABLEAU
'YA UNE AMBIANCE POURRIE, ON SE DÉTESTE TOUS, TOUT LE MONDE SE TIRE DANS LES PATTES !
WAW, GÉNIAL !
DÉGOÛTER L'EMPLOYEUR DE L'EMBAUCHER
IL TUERAIT PÈRE ET MÈRE POUR FAIRE DU CHIFFRE !
AH BON ? MAIS POURQUOI N'A-T-IL PAS PRÉCISÉ CETTE QUALITÉ DANS SON CV ?
TRAFIQUER LES FICHIERS INFORMATIQUES
BIENVENUE MONSIEUR XYLOPHZ !
J'TE JURE QUE J'AI TAPÉ DES LETTRES AU HASARD !
JE CROIS QU'ON EST TOMBÉS SUR ENCORE PLUS CON !
TENTER D'INTERCEPTER LE COURRIER D'EMBAUCHE
ORGANISER UNE MANIFESTATION
CONS GO HOME !
SALE CON NON NON NON !
D.O.B.B.S. S.p.a
SALES CONS, PAS QUESTION
NON AU CON !
LA SALE CONNERIE ON N'EN VEUT PAS ICI !
LA CONNERIE NE PASSERA PAS PAR NOUS !
MAIS ATTENTION: LES SALES CONS SONT AUSSI DE SALES MANIPULATEURS
MAIS ... C'EST DE LA DISCRIMINATION ...
MAUVAISE CONSCIENCE
NON AU CON !
QUELLE BANDE DE CONS, JE SENS QUE JE VAIS BIEN M'AMUSER ICI ...
17

COMMENT RATTRAPER LES CONNERIES DES SALES CONS ?

APRÈS UNE AGRESSION VERBALE: RÉCONFORT ET SOUTIEN PSYCHOLOGIQUE
LAISSE-LE DIRE, C'EST QU'UN SALE CON !
C'EST PAS GRAVE SI TU PÈSES 110 KILOS ...
MAIS ... JE FAIS QUE 75 KILOS !!!
APRÈS UNE CRISE DE NERFS: RÉPARATIONS MATÉRIELLES
TU PEUX PASSER RÉPARER MON ORDI ? LE SALE CON S'EN EST SERVI ...
UN VIRUS ?... EUH OUI, SI ON VEUT ...
APRÈS QU'IL A SEMÉ DES RUMEURS MALSAINES : MISE AU POINT
ON L'A JAMAIS CRU CE SALE CON QUI DISAIT QUE TA FEMME TE TROMPE AVEC DUTILLEUX
T'INQUIÈTE PAS. ON LE SAIT BIEN QUE C'EST PAS AVEC DUTILLEUX
APRÈS LES DÉGRADATIONS MESQUINES: LES DÉMARCHES ADMINISTRATIVES
ALLO A.G.L. ASSURANCES ? C'EST ENCORE POUR SIGNALER DES DÉGÂTS SUITE À LA GRÊLE ...
OUI JE VIS SOUS UN MICRO-CLIMAT PARTICULIER ...
CHEZ AUG
APRÈS UN HARCÈLEMENT: REMISE EN CONFIANCE PROGRESSIVE
POURQUOI TU DIS ÇA ?! POUR COUCHER AVEC MOI ?!!!
DU CALME CYNTHIA, JE DISAIS SEULEMENT: "AVEC OU SANS SUCRE ?"
ET APRÈS UNE GROSSE BOURDE PROFESSIONNELLE : LE SACRIFICE
ET PENSE À T'EXCUSER ... TON ERREUR EST IMPARDONNABLE
DIRECTEUR
TOC! TOC!

18

COMMENT SE VENGER D'UN SALE CON ?

EN APPLIQUANT LE "ŒIL POUR ŒIL, DENT POUR DENT", DANS UNE GUERRE MATÉRIELLE ...
EH OH, C'EST MA TECHNIQUE ÇA !!!
BANDE DE SALES COPIEURS !
BAR - BRASSERIE
OU PSYCHOLOGIQUE
DITES DONC, C'EST VRAI CE QU'ON RACONTE AU SUJET DE VOTRE FEMME ET DUTILLEUX ?
EN RESTANT STOÏQUE ET IMPÉNÉTRABLE À SES ATTAQUES (RIEN NE L'IRRITE PLUS QUE ÇA)
ET EFFACEZ-MOI CE SOURIRE NARQUOIS !!!
EN FAISANT COURIR DES BRUITS COMME QUOI AU FOND C'EST QUELQU'UN D'ADORABLE, D'ATTENTIONNÉ ET D'HYPERSENSIBLE
QUOI ?!! QUI A DIT ÇA ?!!
JE SUIS UN VRAI BON GROS SALE CON !
JE NE TOLÉRERAI DES MÉDISANCES PAREILLES !
EN LE CONFRONTANT À UN SUPER SALE CON POUR LE DÉSTABILISER
TOI UN SALE CON ?
TU M'AS L'AIR D'UNE SALE FIOTTE OUI !
OU ALORS ... AH NON, VOUS N'ALLEZ PAS REMETTRE ÇA, ON VOUS A DÉJÀ DIT QUE C'ÉTAIT FORTEMENT DÉCONSEILLÉ !
EH BEN QUOI ?
ON N'A PLUS LE DROIT DE MONTRER UNE PHOTO À UN AMI VIOLONISTE MAINTENANT ? ...
19

FAUT-IL DÉNONCER UN SALE CON À SON PATRON ?

EN GÉNÉRAL OUI, IL VAUT MIEUX. FAUT-IL PROCÉDER DE MANIÈRE DIRECTE ?
ÉCOUTEZ-MOI BIEN, J'EN PEUX PLUS DE CE SALE CON
C'EST LUI OU MOI !
C'EST À VOS RISQUES ET PÉRILS
IL Y A LA FORME LA PLUS CLAIRE ET LA PLUS HONNÊTE ...
IL POURRIT L'AMBIANCE ... IL M'APPELLE "LE NAIN" !...
ALLONS, CALMEZ-VOUS, PRENEZ UN ESCABEAU ET ASSEYEZ-VOUS
OU ALORS DES FORMES PLUS DÉTOURNÉES. COMME LA LETTRE ANONYME ...
BeRThier
est UN SALE
con. IL FAUT
Le
RenvOYER.
cordialemenT,
MartINEAU
QU'ON ME CONVOQUE CE MARTINEAU !!!
OU LE PLACER HABILEMENT DANS UNE DISCUSSION ...
LE DOSSIER CHAPON EST PRÉVU POUR QUAND ?
POUR FIN NOVEMBRE MÊME SI BERTHIER EST UN SALE CON QUI POURRIT L'AMBIANCE ...
ON A DIT HABILEMENT !
IL EXISTE CEPENDANT DES CAS EXCEPTIONNELS OÙ IL VAUT MIEUX ÉVITER TOUTE DÉNONCIATION ...
M. BERTHIER, ON N'EN PEUT PLUS DE BERTHIER, C'EST VRAIMENT UN SALE CON !
SI LE SALE CON EST LE FILS DU PATRON, C'EST ASSEZ MALADROIT.
OU BIEN S'IL A DES RELATIONS "PRIVILÉGIÉES" AVEC LA PATRONNE ...
C'ÉTAIT POUR VOUS DIRE QUE BERT ... NON RIEN FINALEMENT.
20

POURQUOI NE FAUT-IL PAS TOLÉRER LES SALES CONS ?

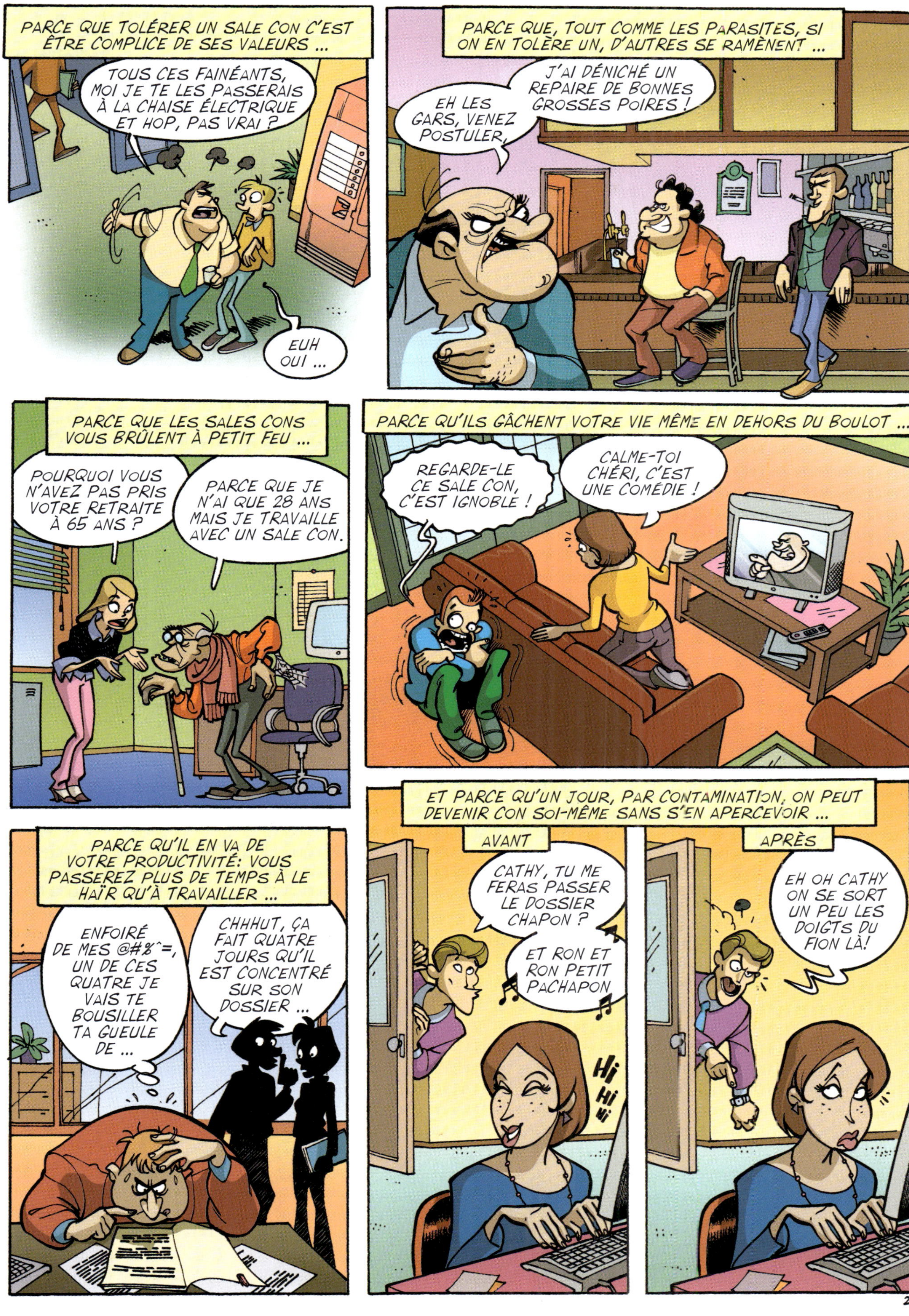
PARCE QUE TOLÉRER UN SALE CON C'EST ÊTRE COMPLICE DE SES VALEURS ...
TOUS CES FAINÉANTS, MOI JE TE LES PASSERAIS À LA CHAISE ÉLECTRIQUE ET HOP, PAS VRAI ?
EUH OUI ...
PARCE QUE, TOUT COMME LES PARASITES, SI ON EN TOLÈRE UN, D'AUTRES SE RAMÈNENT ...
EH LES GARS, VENEZ POSTULER,
J'AI DÉNICHÉ UN REPAIRE DE BONNES GROSSES POIRES !
PARCE QUE LES SALES CONS VOUS BRÛLENT À PETIT FEU ...
POURQUOI VOUS N'AVEZ PAS PRIS VOTRE RETRAITE À 65 ANS ?
PARCE QUE JE N'AI QUE 28 ANS MAIS JE TRAVAILLE AVEC UN SALE CON.
PARCE QU'ILS GÂCHENT VOTRE VIE MÊME EN DEHORS DU BOULOT ...
REGARDE-LE CE SALE CON, C'EST IGNOBLE !
CALME-TOI CHÉRI, C'EST UNE COMÉDIE !
PARCE QU'IL EN VA DE VOTRE PRODUCTIVITÉ: VOUS PASSEREZ PLUS DE TEMPS À LE HAÏR QU'À TRAVAILLER ...
ENFOIRÉ DE MES @#%^=, UN DE CES QUATRE JE VAIS TE BOUSILLER TA GUEULE DE ...
CHHHUT, ÇA FAIT QUATRE JOURS QU'IL EST CONCENTRÉ SUR SON DOSSIER ...
ET PARCE QU'UN JOUR, PAR CONTAMINATION, ON PEUT DEVENIR CON SOI-MÊME SANS S'EN APERCEVOIR ...
AVANT
CATHY, TU ME FERAS PASSER LE DOSSIER CHAPON ?
ET RON ET RON PETIT PACHAPON
HI HI HI
APRÈS
EH OH CATHY ON SE SORT UN PEU LES DOIGTS DU FION LÀ!

COMMENT ÉLIMINER UN SALE CON DE SON ENTREPRISE ?

LA MÉTHODE FORTE: L'ÉLIMINER PHYSIQUEMENT
TIENS, TON CAFÉ ...
PFFFFFF!
LA MÉTHODE COUÉ : L'ÉLIMINER VIRTUELLEMENT
EH GLANDU !
IL NE ME PARLE PAS, IL NE TRAVAILLE PAS ICI, IL NE ME PARLE PAS, IL NE TRAVAILLE PAS ICI ...
LA MÉTHODE STRATÉGIQUE: L'ÉLIMINER EN L'ENVOYANT CHEZ LA CONCURRENCE
CHEZ EUX ON EST PAYÉS DEUX FOIS MIEUX !
ET DES STRIP-TEASEUSES FONT DES MASSAGES À CHAQUE PAUSE CAFÉ !...
EEEH ...
LA MÉTHODE DE L'EXCLUSION: L'ÉLIMINER EN LE MARGINALISANT
TU VERRAS, IL SE SENTIRA RIDICULE D'ÊTRE HABILLÉ DIFFÉREMMENT DE NOUS TOUS !
RAPPELLE-MOI QUI EST CENSÉ SE SENTIR RIDICULE ?...
LA MÉTHODE EXCESSIVE: FAIRE COULER L'ENTREPRISE
EH, EH, DEHORS LE SALE CON! PLUS DE BOULOT POUR LUI! AH, AH, AH!
FERMETURE CAUSE FAILLITE
POUR NOUS NON PLUS D'AILLEURS ...
LA MÉTHODE RATÉE ...
HOPITAL
TOI AUSSI, QUELLE IDÉE D'AVOIR LA MÊME VOITURE QUE LUI ...
FALLAIT PRÉVENIR AVANT QUE JE TRAFIQUE LES FREINS ...
22

LA CONNERIE DU SALE CON PEUT-ELLE SE RETOURNER CONTRE LUI ?

RAREMENT CAR LA NATURE EST INJUSTE, MAIS ÇA PEUT ARRIVER
ET DÉPÊCHE-TOI, JE DOIS REMETTRE ÇA AU BOSS DEMAIN À LA PREMIÈRE HEURE !
J'AI TRAVAILLÉ TOUTE LA NUIT POUR LE BOUCLER ...
C'EST MOI QUI AI TOUT FAIT.
COMME UN GRAND ...
DIRECTEUR
C'EST TRÈS MAUVAIS. VOUS ÊTES VIRÉ.
DIRECTEUR
SA CONNERIE PEUT AUSSI L'EXCLURE PROGRESSIVEMENT DU GROUPE
SALUT LA COMPAGNIE !
OUH LÀ C'EST PAS TOUT ÇA MAIS FAUT S'Y REMETTRE!
Y FAIT UN PEU FRAIS ICI ...
AH, JE CROIS QU'ON M'APPELLE.
IL N'EST JAMAIS INVITÉ AUX SOIRÉES ENTRE COLLÈGUES
VOUS AVEZ FAIT QUELQUE CHOSE HIER SOIR ?
NON, POURQUOI ?
IL ARRIVE MÊME QUE LE PATRON HÉSITE À LUI FAIRE CONFIANCE, CRAIGNANT QUE SA CONNERIE NE FASSE DES RAVAGES
JE NE SAIS PAS SI JE VOUS ENVOIE À CETTE RÉU ... LA DERNIÈRE FOIS VOUS AVEZ FAILLI NOUS BROUILLER AVEC NOTRE PRINCIPAL ACTIONNAIRE ...
BOAH, C'EST VRAI QUE SA FEMME RESSEMBLE À UNE AUTRUCHE NON ?
C'EST PAS MA FAUTE S'IL N'A PAS D'HUMOUR ...
IL N'Y A QUE LE JOUR DE SON POT DE DÉPART QUE TOUT RENTRE DANS L'ORDRE
CONFIRMEZ-MOI: CE SONT DES LARMES DE TRISTESSE N'EST-CE PAS ?
23

QUAND LE SALE CON C'EST LE PATRON ...

UN SALE CON DE PATRON EST ENCORE PLUS SALE CON PARCE QUE SES POUVOIRS SONT SUPÉRIEURS
ÉCHELLE DE SALE CONNERIE
SALE CON ORDINAIRE
SALE CON DE PATRON
SA TYRANNIE EST EXTRÊME
VIREZ-MOI ÇA, JE SUPPORTE PAS CES DÉSODORISANTS QUI PUENT !
IL FAIT PREUVE D'ABUS DE POUVOIR À DES FINS PERSONNELLES
PAS TERRIBLE CE RAPPORT ...
J'HÉSITE ENTRE LE LICENCIEMENT OU VOUS FAIRE PASSER L'ASPIRATEUR DANS MA VOITURE ...
IL ABUSE DE SA POSITION POUR HARCELER L'AUTRE SEXE
C'EST ÇA QUE VOUS APPELEZ UN DÉCOLLETÉ ? ...
VOUS VOUS CROYEZ AU PÔLE NORD ?!!
IL NE SUPPORTE PAS LA MOINDRE CONCURRENCE PHYSIQUE
MAIS ENFIN, "TROP GRAND" CE N'EST PAS UN MOTIF DE LICENCIEMENT !
VOUS AVEZ RAISON. ON VA DIRE "TROP DE CHEVEUX".
QUAND DES SALES CONS DE PATRONS SE RENCONTRENT, ILS FONT UN CONCOURS DE SALE CONNERIE ...
JE LUI AI FAIT RÉÉCRIRE UN RAPPORT DE 327 PAGES EN TYPO "TIMES NEW ROMAN" ...
...MAIS À LA MAIN
WAW !
PAS MAL ...
À CE NIVEAU-LÀ, LA SALE CONNERIE EST UN GAGE DE PUISSANCE
24

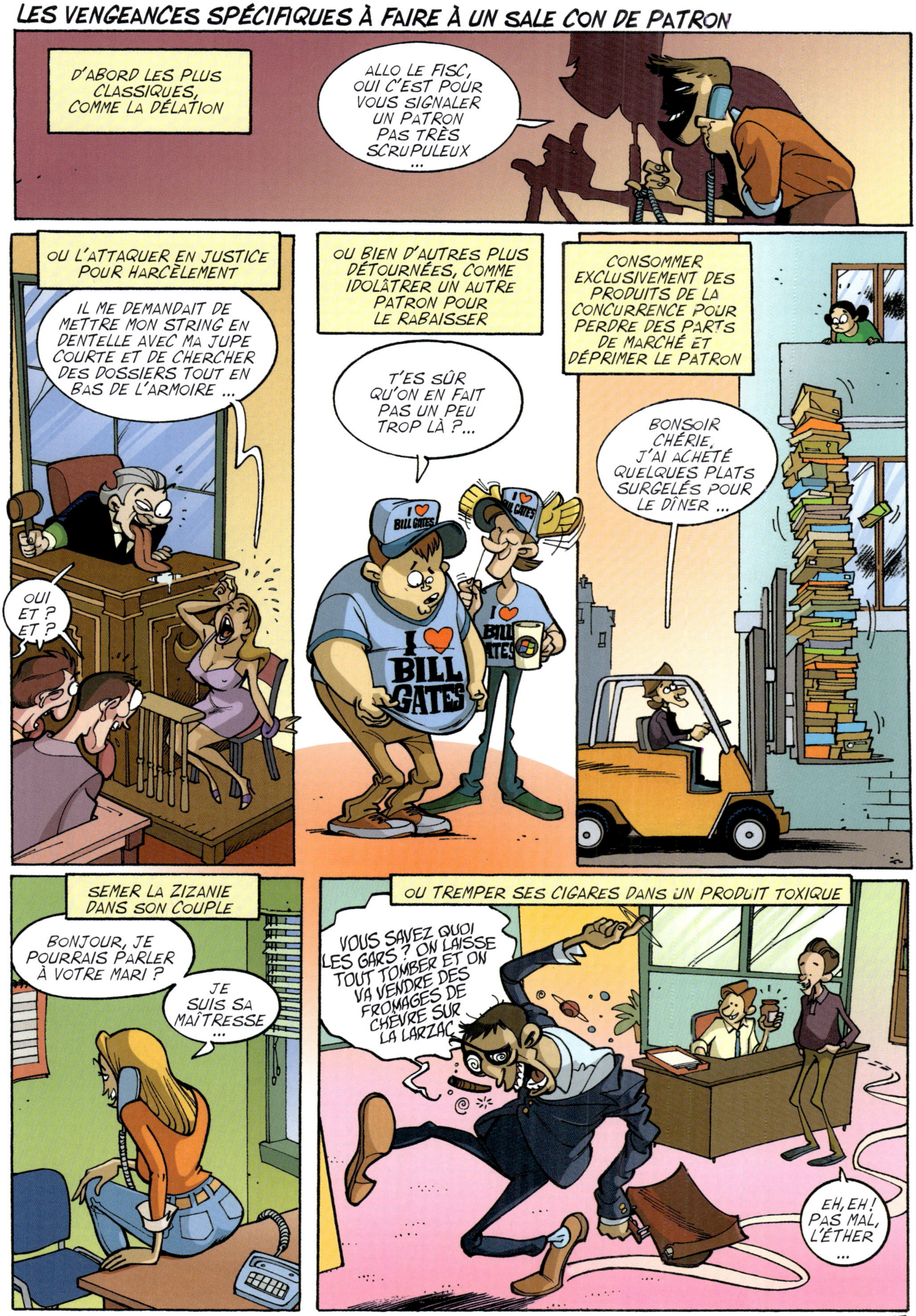
LES VENGEANCES SPÉCIFIQUES À FAIRE À UN SALE CON DE PATRON
D'ABORD LES PLUS CLASSIQUES, COMME LA DÉLATION
ALLO LE FISC, OUI C'EST POUR VOUS SIGNALER UN PATRON PAS TRÈS SCRUPULEUX ...
OU L'ATTAQUER EN JUSTICE POUR HARCÈLEMENT
IL ME DEMANDAIT DE METTRE MON STRING EN DENTELLE AVEC MA JUPE COURTE ET DE CHERCHER DES DOSSIERS TOUT EN BAS DE L'ARMOIRE ...
OUI ET ? ET ?
OU BIEN D'AUTRES PLUS DÉTOURNÉES, COMME IDOLÂTRER UN AUTRE PATRON POUR LE RABAISSER
T'ES SÛR QU'ON EN FAIT PAS UN PEU TROP LÀ ?...
I ♥ BILL GATES
CONSOMMER EXCLUSIVEMENT DES PRODUITS DE LA CONCURRENCE POUR PERDRE DES PARTS DE MARCHÉ ET DÉPRIMER LE PATRON
BONSOIR CHÉRIE, J'AI ACHETÉ QUELQUES PLATS SURGELÉS POUR LE DÎNER ...
SEMER LA ZIZANIE DANS SON COUPLE
BONJOUR, JE POURRAIS PARLER À VOTRE MARI ?
JE SUIS SA MAÎTRESSE ...
OU TREMPER SES CIGARES DANS UN PRODUIT TOXIQUE
VOUS SAVEZ QUOI LES GARS ? ON LAISSE TOUT TOMBER ET ON VA VENDRE DES FROMAGES DE CHÈVRE SUR LA LARZAC
EH, EH ! PAS MAL, L'ÉTHER ...
25

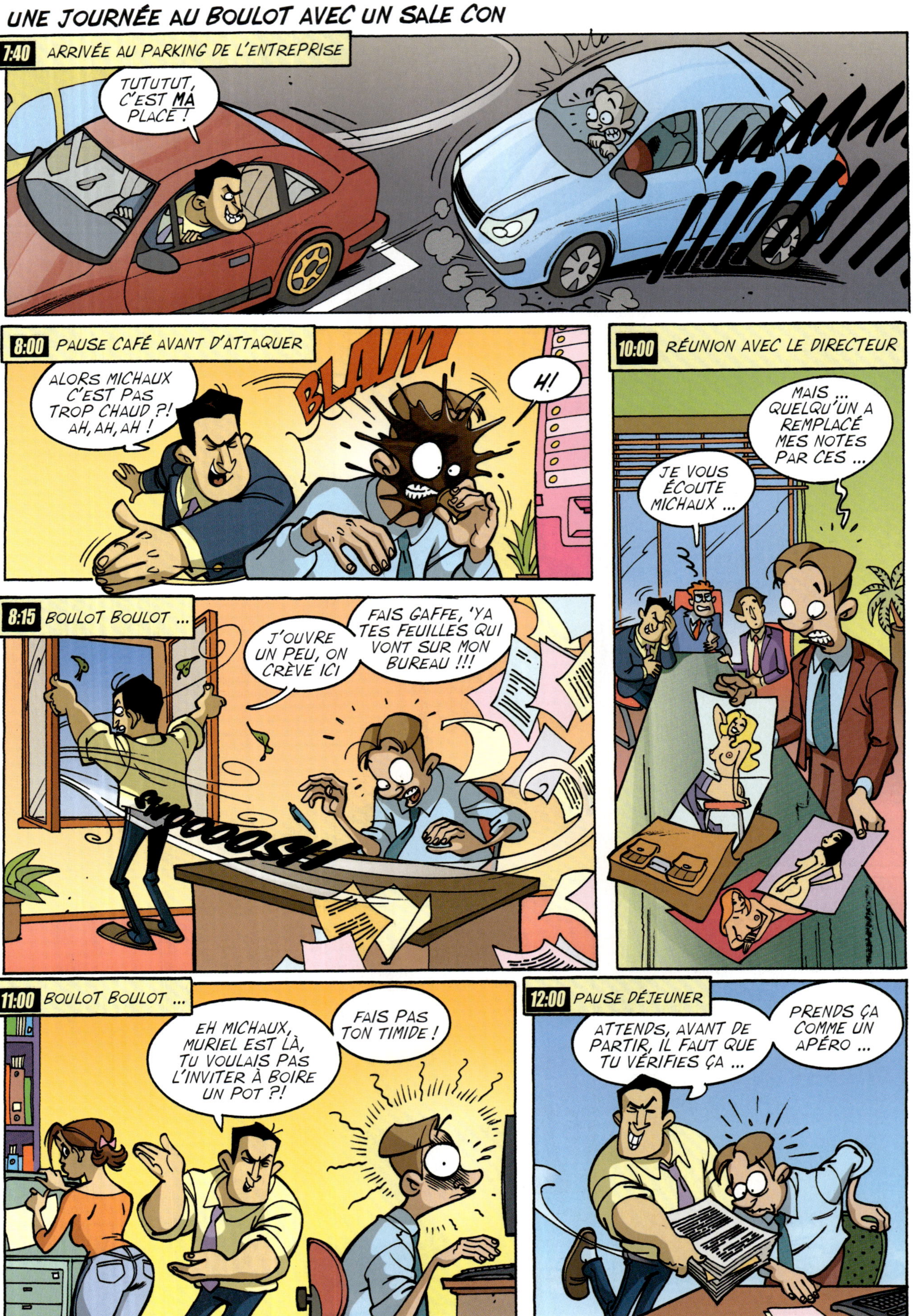
UNE JOURNÉE AU BOULOT AVEC UN SALE CON
7:40 ARRIVÉE AU PARKING DE L'ENTREPRISE
TUTUTUT, C'EST MA PLACE !
8:00 PAUSE CAFÉ AVANT D'ATTAQUER
ALORS MICHAUX C'EST PAS TROP CHAUD ?! AH, AH, AH !
BLAM
H!
10:00 RÉUNION AVEC LE DIRECTEUR
JE VOUS ÉCOUTE MICHAUX ...
MAIS ... QUELQU'UN A REMPLACÉ MES NOTES PAR CES ...
8:15 BOULOT BOULOT ...
J'OUVRE UN PEU, ON CRÈVE ICI
FAIS GAFFE, 'YA TES FEUILLES QUI VONT SUR MON BUREAU !!!
SWOOOOSH
11:00 BOULOT BOULOT ...
EH MICHAUX, MURIEL EST LÀ, TU VOULAIS PAS L'INVITER À BOIRE UN POT ?!
FAIS PAS TON TIMIDE !
12:00 PAUSE DÉJEUNER
ATTENDS, AVANT DE PARTIR, IL FAUT QUE TU VÉRIFIES ÇA ...
PRENDS ÇA COMME UN APÉRO ...
26

(SUITE)

12:30 HEURE DE LA PAUSE DÉJEUNER DONC
IL RESTE UNE DERNIÈRE TARTE AUX FRAISES SI VOUS VOULEZ.
AVEC PLAIS
MMH, SUPER, JE VAIS EN PRENDRE UNE TROISIÈME.
13:00 PAUSE CAFÉ
BLAM!
ALORS MICHAUX TOUJOURS PAS TROP CHAUD ?! AH, AH, AH !
14:30 BOULOT BOULOT
EH MICHAUX, C'EST INTÉRESSANT GROS-NIBS.COM ?!!
17:00 FIN DE LA JOURNÉE
ATTENDS, 'YA ENCORE QUELQUES MODIFS À FAIRE LÀ-DESSUS
MOI J'AI PAS LE TEMPS, JE VAIS VOIR UN MATCH CE SOIR
19:30 ... FIN DE LA JOURNÉE ...
OUAIS, C'EST ENCORE MOI, J'AI UNE BONNE ET UNE MAUVAISE NOUVELLE ...
LA MAUVAISE C'EST QU'IL RESTE DES DOSSIERS À FAIRE SUR MON BUREAU QUE J'AI OUBLIÉ DE TE DONNER
LA BONNE C'EST QU'ON GAGNE 1-0 !!!
23:45 FIN DE LA JOURNÉE POUR DE BON
BWAAAAHHHHH...
SNIFF!
SIGH!
SIGH!
J'ai un peu accroché ta voiture mais ne t'inquiète pas, la mienne n'a rien
27

PEUT-ON ÊTRE UN SALE CON PAR OBLIGATION PROFESSIONNELLE ?

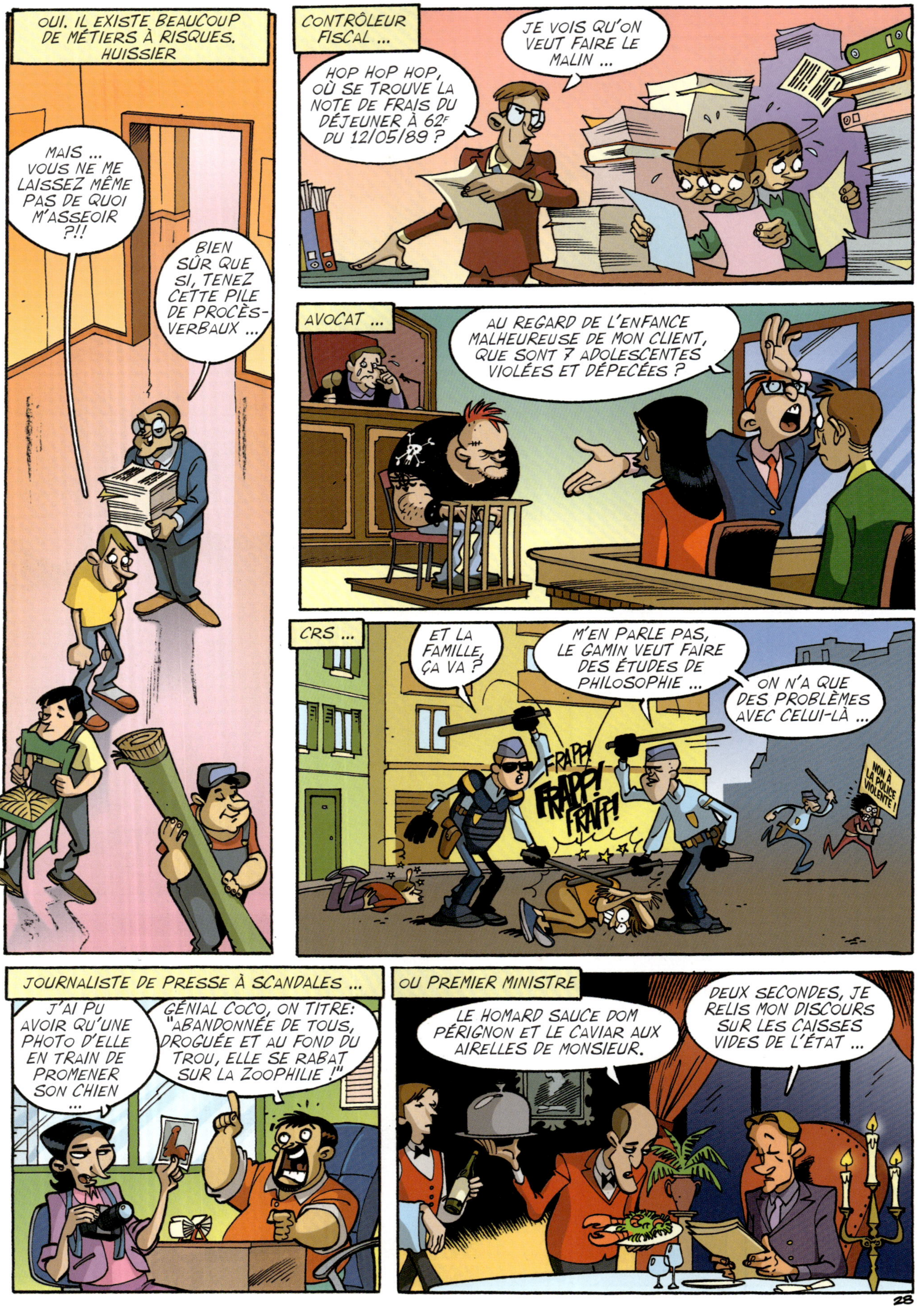

OUI. IL EXISTE BEAUCOUP DE MÉTIERS À RISQUES. HUISSIER
MAIS ... VOUS NE ME LAISSEZ MÊME PAS DE QUOI M'ASSEOIR ?!!
BIEN SÛR QUE SI, TENEZ CETTE PILE DE PROCÈS-VERBAUX ...
CONTRÔLEUR FISCAL ...
HOP HOP HOP, OÙ SE TROUVE LA NOTE DE FRAIS DU DÉJEUNER À 62F DU 12/05/89 ?
JE VOIS QU'ON VEUT FAIRE LE MALIN ...
AVOCAT ...
AU REGARD DE L'ENFANCE MALHEUREUSE DE MON CLIENT, QUE SONT 7 ADOLESCENTES VIOLÉES ET DÉPECÉES ?
CRS ...
ET LA FAMILLE, ÇA VA ?
M'EN PARLE PAS, LE GAMIN VEUT FAIRE DES ÉTUDES DE PHILOSOPHIE ...
ON N'A QUE DES PROBLÈMES AVEC CELUI-LÀ ...
FRAPP!
FRAPP!
FRAPP!
NON À LA POLICE VIOLENTE !
JOURNALISTE DE PRESSE À SCANDALES ...
J'AI PU AVOIR QU'UNE PHOTO D'ELLE EN TRAIN DE PROMENER SON CHIEN ...
GÉNIAL COCO, ON TITRE: "ABANDONNÉE DE TOUS, DROGUÉE ET AU FOND DU TROU, ELLE SE RABAT SUR LA ZOOPHILIE !"
OU PREMIER MINISTRE
LE HOMARD SAUCE DOM PÉRIGNON ET LE CAVIAR AUX AIRELLES DE MONSIEUR.
DEUX SECONDES, JE RELIS MON DISCOURS SUR LES CAISSES VIDES DE L'ÉTAT ...
28

QUAND A-T-ON LE DROIT D'ÊTRE UN SALE CON ?

QUAND ON RAPPORTE BEAUCOUP D'ARGENT À L'ENTREPRISE
AUTORISATION DE SALE CONNERIE
CHIFFRE D'AFFAIRES
QUAND ON EST LE FILS DU PATRON
ET LÀ JE LEUR DIS "HEURES SUP ÇA VIENT DE SUPPOSITOIRE C'EST POUR ÇA QUE VOUS L'AUREZ DANS LE C
HA HA HA, DÉJÀ L'HUMOUR D'UN FUTUR SALE C... DE PATRON
QUAND ON A DES PROBLÈMES PERSONNELS
FAUT LE COMPRENDRE, SA FEMME L'A QUITTÉ CETTE SEMAINE ...
MOI, C'EST PLUTÔT ELLE QUE JE COMPRENDS.
CRACK !
QUAND ON ESSAIE D'ARRÊTER DE FUMER
UN COLLÈGUE QUI ESSAIE D'ARRÊTER DE FUMER ? DONC JE SUPPOSE QUE VOUS VOULEZ DES PATCHS ?
EUH NON, PLUTÔT DES BOULES QUIES ET DE LA POMMADE CONTRE LES COUPS ...
SVELTE
QUAND ON EST AFFECTÉ D'UN HANDICAP
CE DOSSIER ?
NON, PLUS HAUT
CELUI-LÀ ?
NON, PLUS HAUT
GLOBALEMENT ON A LE DROIT D'ÊTRE UN SALE CON DÈS LORS QU'ON IGNORE LES NOTIONS DE RESPECT ET DE TOLÉRANCE
"RESPÉ" ? "TOLÉRENSE" ? QU'EST-CE QUE C'EST QUE CE CHARABIA ?
GRAT ! GRAT !
C'EST QUELLE LANGUE ? DE L'INDONÉSIEN ?

LES AVANTAGES D'ÊTRE UN SALE CON

VOUS NE CONNAISEZ NI SCRUPULES NI ÉTATS D'ÂME
HÉ OH, C'EST À CAUSE DE MOI QU'IL EST VIRÉ ALORS J'ESPÈRE QUE J'AURAI UN POURCENTAGE SUR SA PRIME DE LICENCIEMENT !
VOUS AVEZ PLUS DE POUVOIR QUE LES AUTRES PUISQUE VOUS VOUS AUTORISEZ TOUS LES COUPS BAS
MAIS ... C'EST MOI QUI L'AI CRÉÉ CE LOGICIEL !...
OUI MAIS C'EST MOI QUI L'AI TROUVÉ SUR TON BUREAU ...
DIRECTEUR
TOC! TOC!
FAUTE D'ÊTRE RESPECTÉ, VOUS ÊTES CRAINT DE TOUS
POURQUOI TU TE GARES PAS LÀ ?
T'ES FOU, TU VOIS PAS QUE C'EST LA PLACE DU SALE CON ?
VOUS TRAVAILLEZ MOINS POUR GAGNER PLUS
... TANT QU'IL Y A DES LARBINS QUI TRAVAILLENT PLUS POUR GAGNER MOINS ...
C'EST LA THÉORIE DES VASES CONS-MUNICANTS, AH AH AH !
CLAK !
VOUS JOUISSEZ D'UNE SORTE DE CÉLÉBRITÉ SUR VOTRE LIEU DE TRAVAIL
C'EST LE SALE CON
C'EST LE SALE CON
C'EST LE SALE CON
C'EST LE SALE CON
SANS COMPTER QUE LE SALE CON NE DÉVELOPPE JAMAIS DE MALADIES LIÉES AU STRESS OU À L'ANGOISSE
BILAN PARFAIT
VOUS DEVEZ ÊTRE UN SACRÉ SALE CON, VOUS !
30

COMMENT EXCUSER UN SALE CON ?

QUITTE À TRAVAILLER EN PERMANENCE AVEC UN SALE CON, AUTANT ESSAYER DE LUI TROUVER DES CIRCONSTANCES ATTÉNUANTES ...
IL A SÛREMENT EU UNE ENFANCE DIFFICILE ...
TU FINIS TON OS OU JE T'ENFERME DANS LE PLACARD !!!
CLAK !
PEUT-ÊTRE QU'ON NE LUI A JAMAIS RIEN INCULQUÉ D'AUTRE QUE DES VALEURS DE SALE CON ...
MAINTENANT QU'IL EST PAR TERRE, PROFITES-EN POUR LUI BALANCER DES COUPS DE PIED !
AH BON ?
PEUT-ÊTRE EST-IL MARIÉ À UNE SALE CONNE QUI LE MALTRAITE ...
QUOI ?! IL EST PAS BON MON RAGOÛT ?!!
SI SI MOUMOUNE, IL EST PARFAIT ...
OU BIEN EST-IL TELLEMENT CON QU'IL SE RETROUVE FINALEMENT TRÈS SEUL ...
OUAIIS, JOYEUX NOËL ...
MAIS CETTE MÉTHODE D'AUTO-SUGGESTION NE DOIT PAS ÊTRE TRÈS EFFICACE CAR EN IMAGINANT TOUT ÇA, VOTRE PREMIÈRE RÉACTION EST:
BIEN FAIT POUR SA GUEULE !!!
?
31

QU'EST-CE QU'ON A LE DROIT DE FAIRE SANS PASSER POUR UN SALE CON ?

IL SUFFIT PARFOIS DE QUELQUES MOTS EN PLUS POUR NE PAS FRANCHIR LA LIMITE, PAR EXEMPLE, ON PEUT TRÈS BIEN DONNER DES ORDRES ...
TU ME BOUCLES ÇA POUR 15H ! ET QUE ÇA SAUTE !!!
MAIS EN AJOUTANT: "MERCI. JE SAIS QUE JE PEUX COMPTER SUR TES COMPÉTENCES." C'EST QUAND MÊME PLUS SYMPA.
ON PEUT CRITIQUER ...
GÉRARD C'EST UN INCAPABLE, UN FAINÉANT, UN ÉGOÏSTE, UN RATÉ, UN IDIOT, UN FOURBE ET UN PRÉTENTIEUX.
P
MAIS EN AJOUTANT: "ATTENTION, SI JE DIS ÇA C'EST PARCE QUE JE L'AIME BEAUCOUP."
ON PEUT DÉNONCER ...
LE BUG QUI A PLANTÉ TOUT LE RÉSEAU INFORMATIQUE C'EST À CAUSE DE BERNARD.
DIRECTEUR
MAIS EN AJOUTANT: "IL EST PAS ÉPANOUI DANS NOTRE BOÎTE, J'AIMERAIS TANT QU'IL SOIT HEUREUX ..."
ON PEUT FAIRE DES SALES COUPS ...
TOC!
SLAM
MAIS EN AJOUTANT: "NOOON, QUE JE SUIS MALADROIT ! FOUTU PARKINSON ..."
ON PEUT INSULTER ...
C'EST QUOI CE BOULOT ESPÈCE DE TRIPLE BUSE D'ABRUTI DE MES !!
MAIS EN AJOUTANT: "EXCUSE-MOI, JE SUIS PAS BIEN EN CE MOMENT, ON N'EST PAS SÛRS QUE LE PETIT VA S'EN SORTIR."
LE TOUT, BIEN ENTENDU, ÉTANT DE BIEN CHOISIR LES MOTS QUE L'ON AJOUTE ...
TIENS, TU ME FAIS PASSER LE DOSSIER CHAPON ... ESPÈCE DE GROSSE PUTE ?
FAUTE ...
32

COMMENT APPELER UN SALE CON QUAND ON VEUT RESTER POLI ?

POUR NOMMER LE SALE CON AGRESSIF ...
LAISSE, C'EST UN VRAI [redacted] IMPULSIF ...
POUR NOMMER LE SALE CON TYRANNIQUE ...
QUE CE SOIT BOUCLÉ POUR DEMAIN ! ET À LA MOINDRE BÉVUE, C'EST LA PORTE ...
VOUS ÊTES VRAIMENT UN [redacted] PERFECTION-NISTE
POUR NOMMER LE SALE CON FAUX CUL ...
TU SAVAIS QUE SOPHIE FAIT DES INJECTIONS DE BOTOX ?
DIS DONC, T'ES UN BON GROS [redacted] OBSERVATEUR TOI ...
POUR NOMMER LE SALE CON ÉGOÏSTE ...
J'AI POSÉ MES VACANCES EN JUILLET, LES AUTRES JE M'EN TAPE ...
QUEL [redacted] PRÉVOYANT TU FAIS ...
POUR NOMMER LE SALE CON PERVERS ...
EH EH, PAS MAL LE DÉCOLLETÉ ...
DÉCIDÉMENT, VOUS ÊTES VRAIMENT UN [redacted] FLATTEUR ...
ATTENTION TOUTEFOIS À NE PAS DEVENIR PARANO, LA POLITESSE NE CACHE PAS TOUJOURS QUELQUE CHOSE ...
WAW, NICKEL TON RAPPORT !
QU'EST-CE QUE TU INSINUES ? QUE JE SUIS UN SALE CON MANIAQUE ?!!

QUELQUES ACCESSOIRES DE BASE POUR SE DÉBARRASSER D'UN SALE CON EN TOUTE CORDIALITÉ
ON PEUT TRÈS BIEN SE DÉBARRASSER D'UN SALE CON TOUT EN RESTANT UN GENTLEMAN ...
AH ?
DOMMAGE !
POUR CELA, QUELQUES ACCESSOIRES DE BASE:
UN PETIT DIGESTIF POUR AJOUTER À SON CAFÉ
UN PETIT POISSON D'AVRIL À ÉPINGLER DANS LE DOS (UN PEU D'HUMOUR NE NUIT PAS)
H!
UN NOUVEAU RÉVEIL POUR SON BUREAU
UN PAILLASSON ORIGINAL À DÉPOSER EN HAUT DE L'ESCALIER DE SON ÉTAGE
WELCOME
UN JOLI PETIT VASE EN AMIANTE POUR SON SALON (LÀ, IL NE FAUT PAS ÊTRE PRESSÉ)
COFF! COFF!
TERRORISTAN AIRLINES
Terroristan
Aller simple
UN CHARMANT PETIT VOYAGE POUR SES DIX ANS DE BOÎTE
UN MAGNIFIQUE LUSTRE DESIGN POUR SUSPENDRE AU-DESSUS DE SON BUREAU
ET SI AVEC TOUT ÇA, LE SALE CON EST TOUJOURS LÀ, IL VOUS RESTE TOUJOURS LA SOLUTION DE GARDER ÇA POUR VOUS ...
34

QUE DEVIENT LE SALE CON UNE FOIS QU'ON S'EN EST DÉBARRASSÉ ?

ON AIMERAIT CROIRE QUE LE SALE CON SE RETROUVE COMPLÈTEMENT PERDU ...
QU'IL SE MET RAPIDEMENT À TOUCHER LE FOND ...
S'IL VOUS PLAÎT, POUR UN SALE CON QUI NE PEUT PAS EXERCER SA SALE CONNERIE ...
SALE CON Chômeur
MAIS NON, CE SERAIT TROP BEAU. UNE DES QUALITÉS DU SALE CON EST DE SAVOIR REBONDIR
BOING
BOING
BOING
BOING
C'EST D'AUTANT PLUS FACILE POUR LUI QUE LE MONDE A BESOIN DE SALES CONS
AH ET J'AI OUBLIÉ DE PRÉCISER DANS MON CV: JE PEUX ÊTRE UN BON GROS SALE CON.
AAH, POURQUOI NE L'AVEZ-VOUS PAS DIT TOUT DE SUITE ?
LE SALE CON, COMME UN VIRUS, PASSE D'UN MILIEU À UN AUTRE
SALUT LES NAZES, JE SUIS VOTRE NOUVEAU COLLÈGUE ...
OUH LÀ, J'AI L'IMPRESSION QU'ON VIENT DE CHOPER UN SALE TRUC, LÀ ...
PETIT JEU: SAUREZ-VOUS RECONNAÎTRE DANS CE BAR UN EMPLOYÉ DE L'ANCIENNE BOÎTE DU SALE CON ET UN EMPLOYÉ DE LA NOUVELLE ?
OUH LÀ, 14 H, FAUT Y ALLER !
OUH LA, 14 H, FAUT Y ALLER

35

L' "APRÈS - SALE CON" DANS L'ENTREPRISE

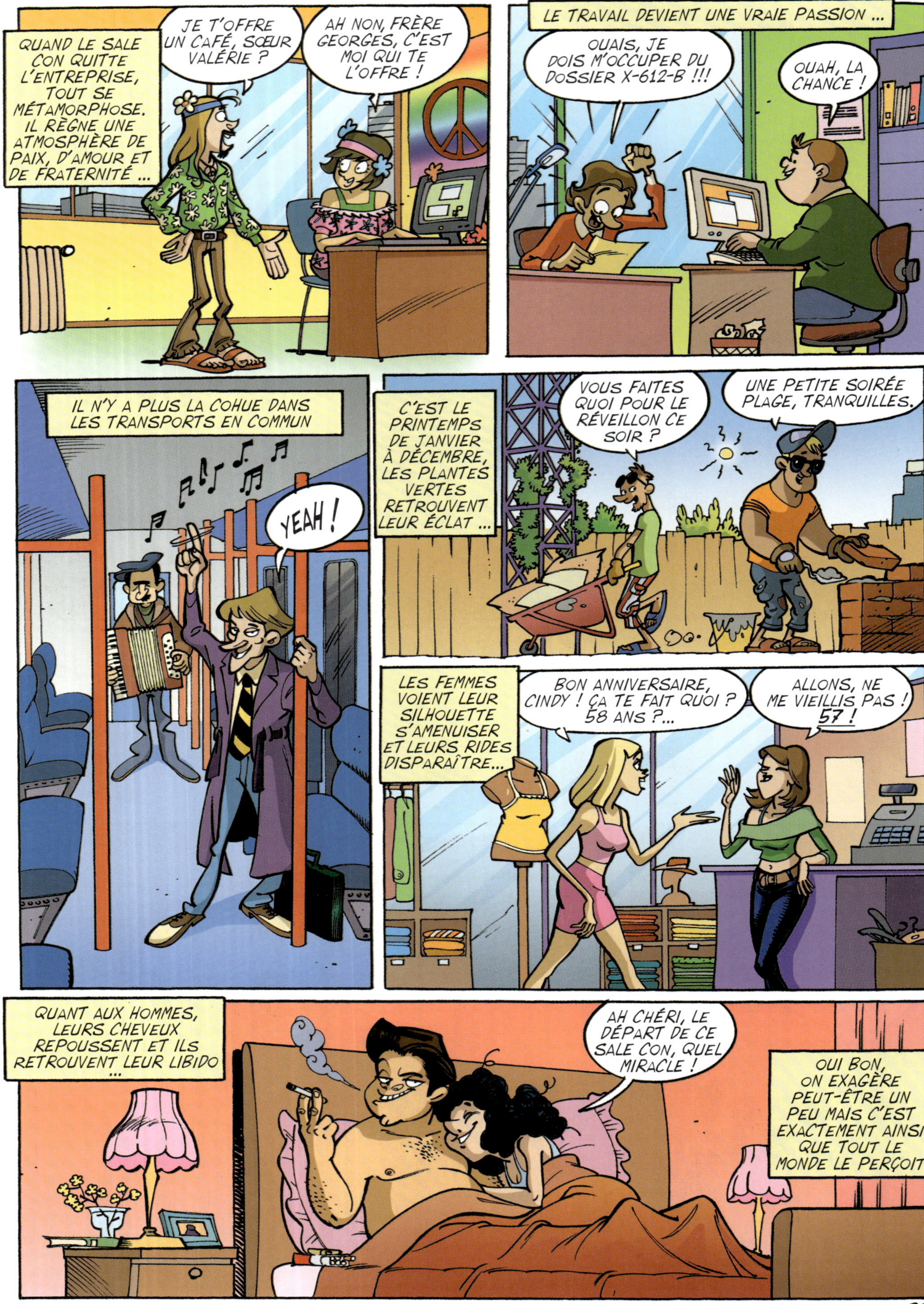
QUAND LE SALE CON QUITTE L'ENTREPRISE, TOUT SE MÉTAMORPHOSE. IL RÈGNE UNE ATMOSPHÈRE DE PAIX, D'AMOUR ET DE FRATERNITÉ ...
JE T'OFFRE UN CAFÉ, SŒUR VALÉRIE ?
AH NON, FRÈRE GEORGES, C'EST MOI QUI TE L'OFFRE !
LE TRAVAIL DEVIENT UNE VRAIE PASSION ...
OUAIS, JE DOIS M'OCCUPER DU DOSSIER X-612-B !!!
OUAH, LA CHANCE !
IL N'Y A PLUS LA COHUE DANS LES TRANSPORTS EN COMMUN
YEAH !
C'EST LE PRINTEMPS DE JANVIER À DÉCEMBRE, LES PLANTES VERTES RETROUVENT LEUR ÉCLAT ...
VOUS FAITES QUOI POUR LE RÉVEILLON CE SOIR ?
UNE PETITE SOIRÉE PLAGE, TRANQUILLES.
LES FEMMES VOIENT LEUR SILHOUETTE S'AMENUISER ET LEURS RIDES DISPARAÎTRE...
BON ANNIVERSAIRE, CINDY ! ÇA TE FAIT QUOI ? 58 ANS ?...
ALLONS, NE ME VIEILLIS PAS ! 57 !
QUANT AUX HOMMES, LEURS CHEVEUX REPOUSSENT ET ILS RETROUVENT LEUR LIBIDO ...
AH CHÉRI, LE DÉPART DE CE SALE CON, QUEL MIRACLE !
OUI BON, ON EXAGÈRE PEUT-ÊTRE UN PEU MAIS C'EST EXACTEMENT AINSI QUE TOUT LE MONDE LE PERÇOIT

FAUT-IL AVOIR MAUVAISE CONSCIENCE DE SE DÉBARRASSER D'UN SALE CON ?

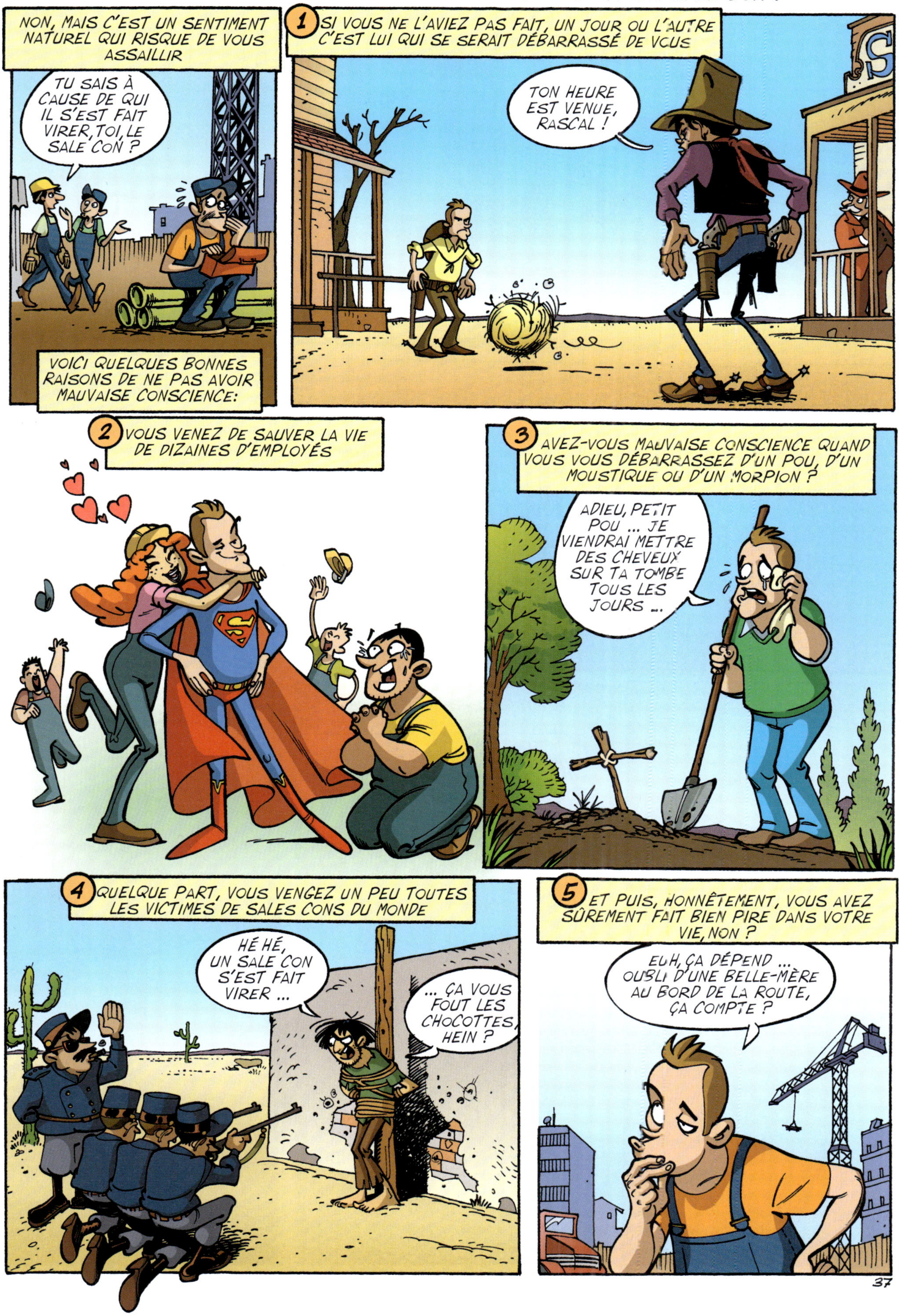
NON, MAIS C'EST UN SENTIMENT NATUREL QUI RISQUE DE VOUS ASSAILLIR
TU SAIS À CAUSE DE QUI IL S'EST FAIT VIRER, TOI, LE SALE CON ?
VOICI QUELQUES BONNES RAISONS DE NE PAS AVOIR MAUVAISE CONSCIENCE:
1 SI VOUS NE L'AVIEZ PAS FAIT, UN JOUR OU L'AUTRE C'EST LUI QUI SE SERAIT DÉBARRASSÉ DE VOUS
TON HEURE EST VENUE, RASCAL !
2 VOUS VENEZ DE SAUVER LA VIE DE DIZAINES D'EMPLOYÉS
3 AVEZ-VOUS MAUVAISE CONSCIENCE QUAND VOUS VOUS DÉBARRASSEZ D'UN POU, D'UN MOUSTIQUE OU D'UN MORPION ?
ADIEU, PETIT POU ... JE VIENDRAI METTRE DES CHEVEUX SUR TA TOMBE TOUS LES JOURS ...
4 QUELQUE PART, VOUS VENGEZ UN PEU TOUTES LES VICTIMES DE SALES CONS DU MONDE
HÉ HÉ, UN SALE CON S'EST FAIT VIRER ...
... ÇA VOUS FOUT LES CHOCOTTES, HEIN ?
5 ET PUIS, HONNÊTEMENT, VOUS AVEZ SÛREMENT FAIT BIEN PIRE DANS VOTRE VIE, NON ?
EUH, ÇA DÉPEND ... OUBLI D'UNE BELLE-MÈRE AU BORD DE LA ROUTE, ÇA COMPTE ?
37

Y A-T-IL DES PÉRIODES DE L'ANNÉE PROPICES À L'ÉLIMINATION DES SALES CONS ?

ON PEUT SE DÉBARRASSER DES SALES CONS TOUTE L'ANNÉE. MAIS CERTAINES PÉRIODES PEUVENT FACILITER LA TÂCHE ...
Janvier
Février
Mars
Avril
JANVIER ET SA GALETTE DES ROIS
COFF!
COFF!
COFF!
C'EST BON, IL A EU LA FÈVE ...
FÉVRIER ET SES VACANCES AU SKI
C'EST UNE CARTE POSTALE QUI VOUS REND SI HEUREUX ?
IL S'EST CASSÉ LA JAMBE EN FAISANT DU SKI !!!
TROIS MOIS D'ARRÊT MALADIE !!!
JUILLET ET SES VACANCES D'ÉTÉ
JE TE JURE, PLONGER AU MILIEU DES MÉDUSES C'EST UNE EXPÉRIENCE VRAIMENT GÉNIALE !
AH BON ?
SOLDES
SEPTEMBRE ET L'OUVERTURE DE LA CHASSE
GROUIK GROUIK
LES COLLÈGUES M'ONT DIT QU'EN IMITANT LE SANGLIER DANS LA FORÊT, ON POUVAIT EN VOIR.
NOVEMBRE ET SES PREMIERS VERGLAS ...
APRÈS TOI, JE T'EN PRIE ...
38

QUELQUES CONSEILS DE BIENSÉANCE À L'ENTERREMENT D'UN SALE CON

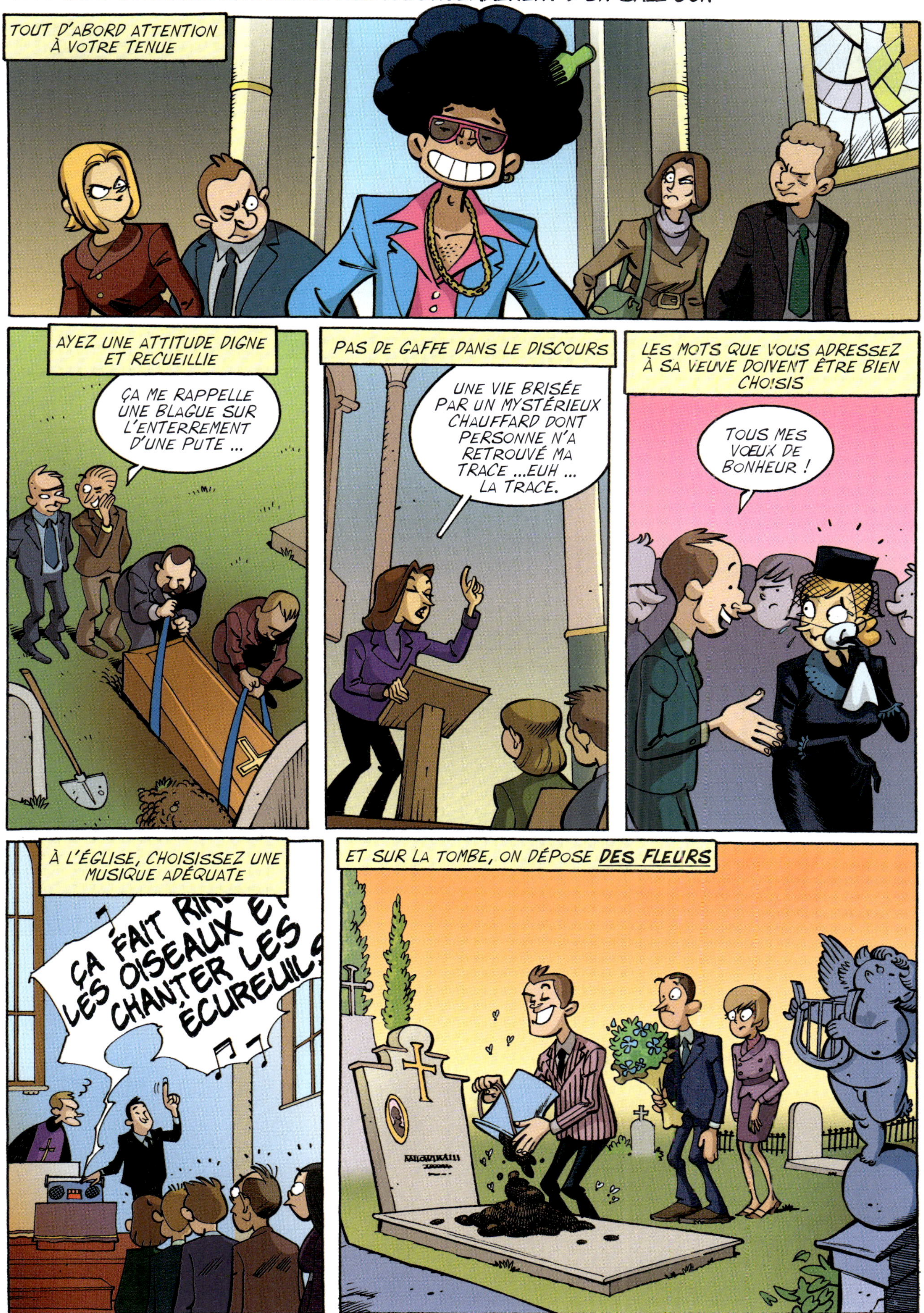

TOUT D'ABORD ATTENTION À VOTRE TENUE
AYEZ UNE ATTITUDE DIGNE ET RECUEILLIE
ÇA ME RAPPELLE UNE BLAGUE SUR L'ENTERREMENT D'UNE PUTE ...
PAS DE GAFFE DANS LE DISCOURS
UNE VIE BRISÉE PAR UN MYSTÉRIEUX CHAUFFARD DONT PERSONNE N'A RETROUVÉ MA TRACE ...EUH ... LA TRACE.
LES MOTS QUE VOUS ADRESSEZ À SA VEUVE DOIVENT ÊTRE BIEN CHOISIS
TOUS MES VOEUX DE BONHEUR !
À L'ÉGLISE, CHOISISSEZ UNE MUSIQUE ADÉQUATE
ÇA FAIT RIRE LES OISEAUX ET CHANTER LES ÉCUREUILS
ET SUR LA TOMBE, ON DÉPOSE DES FLEURS

EST-IL POSSIBLE DE FAIRE ÉVOLUER UN SALE CON PLUTÔT QUE DE S'EN DÉBARRASSER ?

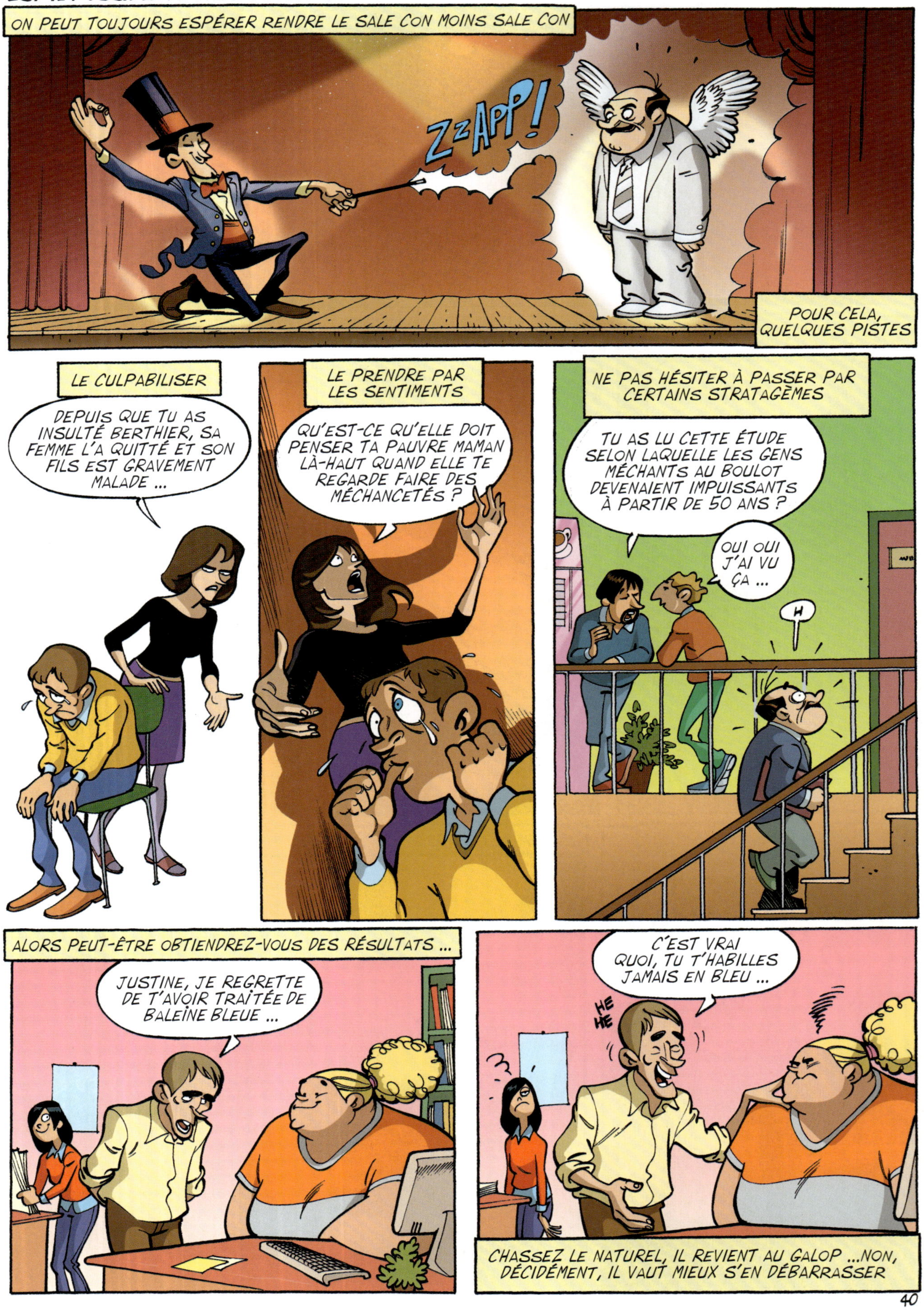
ON PEUT TOUJOURS ESPÉRER RENDRE LE SALE CON MOINS SALE CON
ZzAPP !
POUR CELA, QUELQUES PISTES
LE CULPABILISER
DEPUIS QUE TU AS INSULTÉ BERTHIER, SA FEMME L'A QUITTÉ ET SON FILS EST GRAVEMENT MALADE ...
LE PRENDRE PAR LES SENTIMENTS
QU'EST-CE QU'ELLE DOIT PENSER TA PAUVRE MAMAN LÀ-HAUT QUAND ELLE TE REGARDE FAIRE DES MÉCHANCETÉS ?
NE PAS HÉSITER À PASSER PAR CERTAINS STRATAGÈMES
TU AS LU CETTE ÉTUDE SELON LAQUELLE LES GENS MÉCHANTS AU BOULOT DEVENAIENT IMPUISSANTS À PARTIR DE 50 ANS ?
OUI OUI J'AI VU ÇA ...
H
ALORS PEUT-ÊTRE OBTIENDREZ-VOUS DES RÉSULTATS ...
JUSTINE, JE REGRETTE DE T'AVOIR TRAITÉE DE BALEINE BLEUE ...
C'EST VRAI QUOI, TU T'HABILLES JAMAIS EN BLEU ...
HE HE
CHASSEZ LE NATUREL, IL REVIENT AU GALOP ...NON, DÉCIDÉMENT, IL VAUT MIEUX S'EN DÉBARRASSER
40

Y A-T-IL DES BOULOTS OÙ IL EST PLUS FACILE DE SE DÉBARRASSER D'UN SALE CON ?

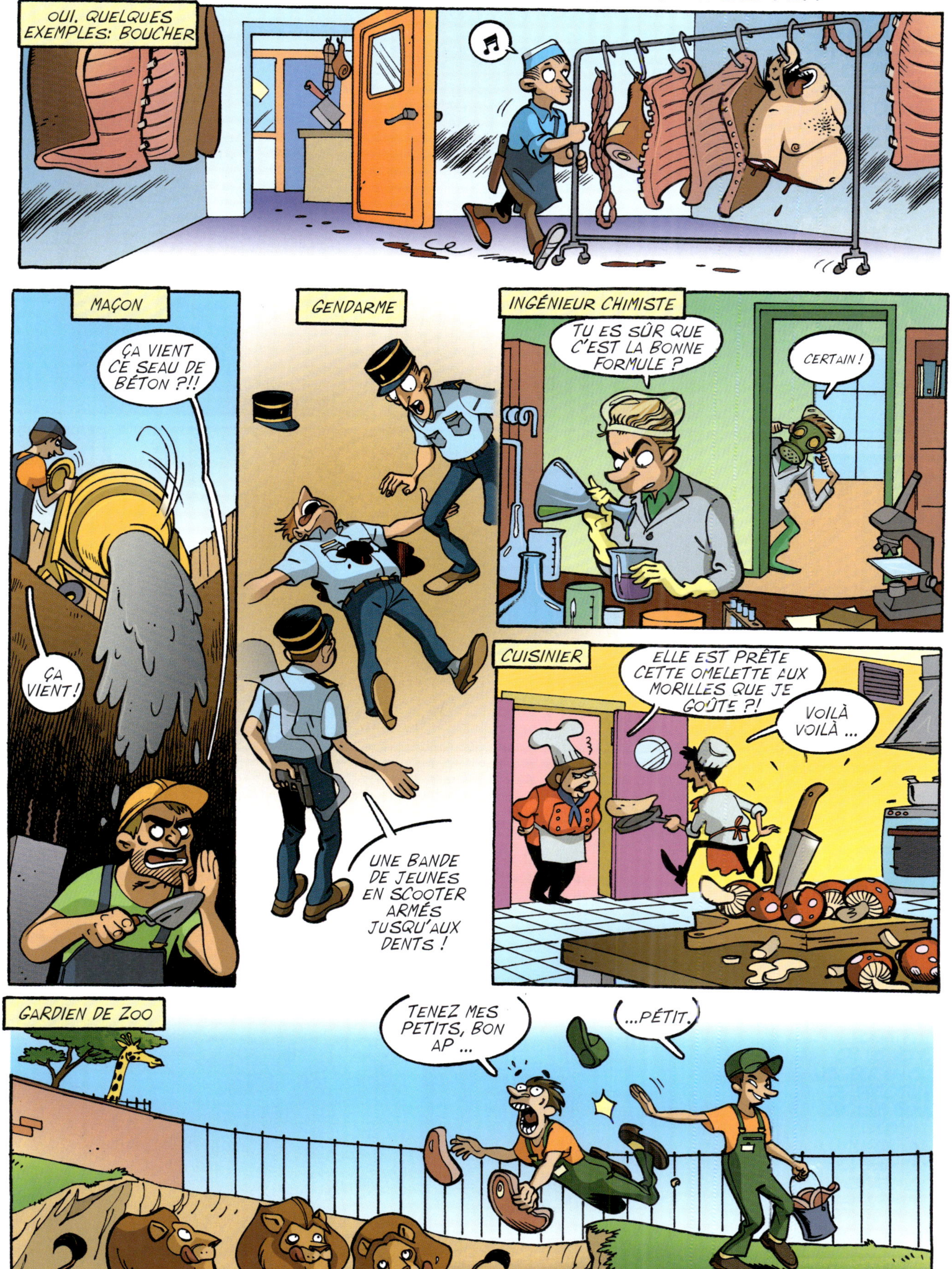
OUI. QUELQUES EXEMPLES: BOUCHER
MAÇON
ÇA VIENT CE SEAU DE BÉTON ?!!
ÇA VIENT !
GENDARME
UNE BANDE DE JEUNES EN SCOOTER ARMÉS JUSQU'AUX DENTS !
INGÉNIEUR CHIMISTE
TU ES SÛR QUE C'EST LA BONNE FORMULE ?
CERTAIN !
CUISINIER
ELLE EST PRÊTE CETTE OMELETTE AUX MORILLES QUE JE GOÛTE ?!
VOILÀ VOILÀ ...
GARDIEN DE ZOO
TENEZ MES PETITS, BON AP ...
...PÉTIT.

QUI PEUT VOUS EN VOULOIR DE VOUS ÊTRE DÉBARRASSÉ D'UN SALE CON ?

QUELQUES PERSONNES PEUVENT EFFECTIVEMENT VOUS EN VOULOIR DE L'AVOIR FAIT RENVOYER DE SON BOULOT COMME:
SA FAMILLE
MAINTENANT, IL VA PASSER DU TEMPS À LA MAISON ...
C'EST HORRIBLE !!!
LE CONSEIL DES PRUD'HOMMES
AH NON NON NOUS ON S'OCCUPE PAS DE CAS COMME ÇA
VOYEZ ÇA AVEC LA S.P.A. ...
LE BUREAU DE L'A.N.P.E.
LE SALE CON A PERDU SON BOULOT !!!
IL VA DÉBARQUER D'UN JOUR À L'AUTRE !!!
VITE, IL FAUT DÉMÉNAGER LES LOCAUX !
TOUS AUX ABRIS !
LE PATRON DU TROQUET QUI VA SE LE FARCIR DU MATIN AU SOIR
C'EST COMME TOUS CES FONCTIONNAIRES ! ...
LES COLLÈGUES QUI PRENAIENT UN CERTAIN PLAISIR À LA SALE AMBIANCE
DIS DONC, C'EST CALME AUJOURD'HUI !
M'EN PARLE PAS ...ET EN PLUS TOUT LE MONDE EST SOURIANT ...
ET SURTOUT, S'IL RETROUVE DU BOULOT, LES FUTURS COLLÈGUES QUI HÉRITERONT DU SALE CON ...
SI JE CHOPE CELUI QUI S'EN EST DÉBARRASSÉ, JE
T'ES FOU, AU CONTRAIRE, LUI SEUL CONNAÎT LE SECRET !
SALUT LES NAZES !

PEUT-ON SE DÉBARRASSER D'UN SALE CON SANS LE FAIRE EXPRÈS ?
C'EST TRÈS RARE. UNE CHANCE SUR DES MILLIONS
J'AI PLUS DE CHANCES DE TOUCHER LE PACTOLE ET QUITTER MON BOULOT ...
BON ALORS DONNEZ-MOI UN BULLETIN DE LOTO.
MAIS ÇA PEUT ARRIVER ...
OÙ EST PASSÉ MON DOSSIER ? J'AVAIS CACHÉ DES IMAGES PORNO À L'INTÉRIEUR !...
TENEZ, PRÉSIDENT, J'AI BEAUCOUP TRAVAILLÉ POUR ARRIVER À CE RÉSULTAT.
CERTAINES PÉRIODES SONT PLUS PROPICES
IL NE RESTE PLUS QU'UN MORCEAU DE POULET.
DÉSOLÉ VIEUX, JE L'AI VU AVANT !
SEPTEMBRE 2001
MA FEMME DOIT ACCOUCHER AUTOUR DU 11 ...JE VAIS PAS POUVOIR ALLER À NEW YORK POUR CETTE RÉUNION ...
NO PROBLEM, JE TE REMPLACE, EN PLUS JE SUIS JAMAIS ALLÉ DANS LE WORLD TRADE CENTER ...
DÉCEMBRE 2004
DÉSOLÉ VIEUX, C'EST LA LOI DE LA JUNGLE ...MOI EN SÉMINAIRE AU SRI LANKA ET TOI SOUS LA GRISAILLE À PARIS ...HÉ HÉ ...
GRIPPE AVIAIRE ...
CERTAINS SONT RESTÉS DE VRAIES RÉUSSITES ...
MALADE LA VEILLE DE LA CROISIÈRE D'INAUGURATION DU TITANIC
QUELLE POISSE ...
T'INQUIÈTE, JE PRENDS TON POSTE. JE TE RACONTERAI
43

EN CONCLUSION ...

SI VOUS VOUS RETROUVEZ AU BOULOT AVEC UN SALE CON, SURTOUT PAS DE PANIQUE
IL EST LÀ, IL EST LÀ, JE VOUS JURE, IL Y A UN SALE CON!
C'EST POUR ÇA QUE VOUS NOUS AVEZ APPELÉS ?!!
CONSULTEZ AUSSITÔT CETTE BD
VOUS PASSEREZ DANS MON BUREAU
DÉSORMAIS VOUS ALLEZ AVOIR BEAUCOUP DE TEMPS POUR LIRE VOS P'TITS MICKEYS ...
(SI POSSIBLE EN DEHORS DES HEURES DE TRAVAIL)
ESSAYEZ DE CERNER LE PROFIL DU SALE CON
DIS-MOI, TOI TU TE SITUERAIS COMMENT EN TANT QUE SALE CON ?
PRÉPAREZ VOTRE PLAN EN TOUTE DISCRÉTION
MURIEL, EST-CE QU'IL NOUS RESTE DE LA MORT AUX RATS POUR LE MONSIEUR ?!!
AU MOMENT DE PASSER À L'ACTE, PAS DE STRESS, VOUS DEVEZ RESTER IMPASSIBLE ET NATUREL
TIENS TON CAFÉ ...
NON PAS TOI, SOPHIE !
TIENS ...
CROYEZ-NOUS, CETTE BD VA VOUS SAUVER LA VIE !
DIS-MOI, JE PEUX SAVOIR CE QUE C'EST CETTE BD SUR TON BUREAU ?...
(SAUF SI VOUS L'AVEZ LAISSÉE TRAÎNER. DANS CE CAS NOUS DÉCLINONS TOUTE RESPONSABILITÉ)
44

JUNGLE

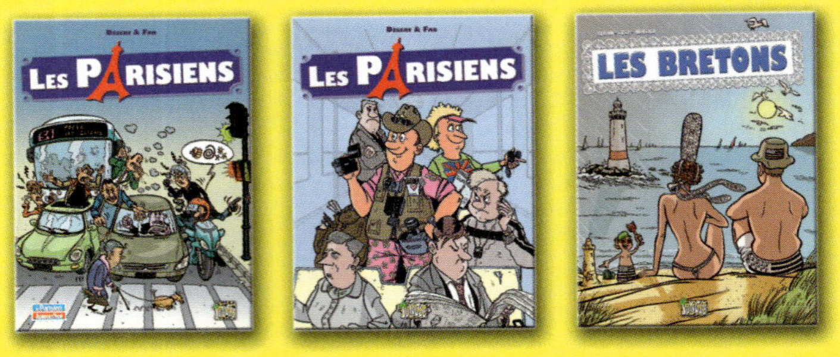

Les Parisiens
Les Parisiens
Les Bretons

Caméra Café

Bigard
Bigard présente les dessous de l'Histoire

Chevallier et Laspales
C'est vous qui voyez !
Pierre Palmade
Effrayé
Elie Semoun
Se prend pour qui ?
Elie Semoun
Les annonces en BD
Franck Dubosc
Lascars

Pierre Desproges en BD
Françaises Français Belges Belges
Lecteur chéri mon amour
Le P'tit Chirac
Tout p'tits déjà cancres ?
Le P'tit Sarko
Et la p'tite Ségo qui fait rien qu'à l'embêter !
Quel homme choisir ?
de gauche ou de droite ?
Au cœur des Bleus
Engagement !

Les vraies aventures de Koh-Lanta
Tous fous
Rire contre le racisme
Le Tour de France
C'est reparti pour un Tour !
Les recettes inratables de Jean-Pierre Coffe
Tous en cuisine !
Les desserts inratables de Jean-Pierre Coffe
Tous en cuisine !

Les Simpson
Camping en délire
Les Simpson
Un sacré foin !
Les Simpson
Quelle bidonnade !
Girlz
L'Amour de A à Z
Gothic Girl